現代中国の秘密結社

マフィア、政党、カルトの興亡史

安田峰俊
ルポライター

716
中公新書ラクレ

現代中国の秘密結社●目次

一部　「仁・義・侠」の紐帯

二部 「邪教」の誘惑

第五章　全能神

キリストは中国人女性に転生した？

サイキック・チャイナ
ブームに乗る気功師たち
急成長するベンチャー気功集団
聖書の意味がすべてわかった
中南海包囲と「反共化」
九評共産党から新型コロナ・デマへ
「中国のオウム」は事実か
プロテスタント系「秘密結社」
中国の「邪教」筆頭へ
マクドナルドで勧誘拒否の女性を撲殺
当局の「邪教」摘発キャンペーン？
二〇一二年「世界滅亡」説を信じた人々

現代中国の秘密結社

マフィア、政党、カルトの興亡史

凡例

- 本書のルビは以下の規準にもとづく（ただし、読者の利便性を考慮して異なる表記をおこなう場合もある）。

【地名】省・自治区・直轄市および省都や副省級市クラスの都市名は日本語音読み、それ以下は中国語読み。

【人名・組織名】中華人民共和国の建国（一九四九年）以前に物故した人物や解体した組織は日本語読み、人民共和国建国後でも毛沢東や習近平などの著名人や、中国共産党のような著名組織は日本語読み。それ以外は標準中国語もしくは広東語読み。

- 中国国内で生まれ育った人々や、中華人民共和国の国籍を保持して海外に居住している移民一世については「中国人」、中国国外で生まれ育った中国系の移民子弟や、中華人民共和国の国籍を持たない中国系の人々については「華人」と表記する。

はじめに

――秘密結社。

胡乱《うろん》極まりない、しかし魅力的な言葉である。

世間に怪しい言葉はたくさんあるが、なかでも「秘密結社」はとびきりに胡散臭い。なんといっても、彼らは組織の存在や結成の目的、具体的な活動内容やメンバーといったさまざまな情報を、外部に対して「秘密」にしているのである。また、不思議な加入儀礼をおこなっていたり、構成員たちが国家権力のルールや近代的な一般常識に反した理念を共有していたりするケースさえある。現代日本の小市民として退屈な日常を生きている私たちの目から見ると、彼らは既知の常識とは異なった「世界の隠された真実」にアプローチしている特殊な人たちの集団――のようにも思える。

ゆえに私は秘密結社に惹きつけられ、学生時代からちょこちょこと調べてきた。もっとも、幽霊の正体見たり枯れ尾花というべきか。ともすればオカルトや超常現象と親和性が強い話題のようにも思える秘密結社だが、歴史的に見ればそれほど珍しいものでも、仰々しいものでもない。以下に代表的な事例をみていこう。

たとえば、メンバー非公開の会員親睦団体である「フリーメイソン」や、アメリカのイェール大学のエリート学生の組織で、やはりメンバーや入会方法が秘密となっている「スカル・アンド・ボーンズ」などは、秘密結社の代名詞的な存在として広く名前が知られている。彼らの活動内容は平和的で、結成目的も会員同士で友愛関係を結ぶことにあると思われるが、加入儀礼は非公開かつ神秘的であるという。ゆえに**儀礼的秘密結社**とも呼ばれる。

また、十九世紀のアメリカで生まれ白人至上主義をとなえたKKK《クー・クラックス・クラン》や、同じく十九世紀前半にイタリアの統一と独立を目指して結成されていたカルボナリ（炭焼党《すみやき》）、昭和初期の日本で政財界の要人の暗殺テロをおこなった血盟団、他国の植民地支配下で民族独立を目指した朝鮮の卍《まんじ》党やフィリピンのカティプーナン、ケニアのマウマウ団などといった、その時代の社会で「過激」とみなされる政治主張を掲げる組織は、メンバーや具体的な活動内容を外部に向けて秘匿していることが多い。戦前の非合法活動時代の日本共産党や、一九七〇年代以降の日本の革マル派や中核派・赤軍派といった極左セクトも、こうした**政治的秘密結社**に近い存在だ。

もちろん、外部からは組織構造が見えづらい各国のマフィアや暴力団組織も一種の秘密結社だ（**犯罪的秘密結社**）。さらにアメリカの人民寺院や日本のオウム真理教のような閉鎖性が強い破壊的カルトや、隠れキリシタンのようにその時代の社会のなかで弾圧されている宗教組織も、秘密結社に近い存在である（**宗教的秘密結社**）。

社会不安や格差が大きく、人々が物心両面での救済や保護を強く求めている社会や、政治的に硬直した体制に支配されている社会ほど、平和的ではない秘密結社が結成されやすい――。こうした特徴が指摘できるかもしれない。

ゆえに中国人の世界もまた、秘密結社の活動が非常に活発なことで知られてきた。これは北米・南米や東南アジアに進出した海外華人も含めた傾向で、現在もなお中国人の社会の裏側には、さまざまな秘密結社がうごめいている（「秘密結社」という表現に胡散臭さを感じるなら、「公的ではない政治団体や結社組織（幇《バン》）、民間宗教」ぐらいに言い換えてもいい）。

私はかつて、大学・大学院と東洋史（中国史）を専攻していた。当時、私が強く魅せられたのが、清代以降に中国南方沿海部の農村を中心に多発した「械闘《かいとう》」という集落同士の武力抗争だ。械闘の背景は意外と奥が深く、関連分野として華僑や宗族《そうぞく》（漢民族の父系の血族集団）、民間信仰、漢民族内部の方言集団、さらには秘密結社なども、自分の学問的な興味の対象だった（ちなみに械闘は現代中国でもたまに発生しており、その関連分野の話題についても、実は歴史学のテーマのみならず、現代的問題としても論じられる話題である）。

現在、私は中国ルポライターを名乗っており、中国分野の単著だけで一〇冊以上の著作がある。自分と他の「中国通」の人たちに違いがあるとすれば、それは私の中国観のベースに、伝統中国のドロドロとした民間社会の価値観が反映されていることだろう。中国の秘密結社は、この「ドロドロ」の最たる存在である。

私はこの本のなかで、自分の〝準・専門〟たる秘密結社の視点という搦手《からめて》から、中国の近現代史と現代の中華圏の姿を描きなおしてみたいと考えた。

中国の秘密結社の三パターン——①義兄弟の契りを交わす「会党」

東洋史研究の場では、中国の秘密結社はしばしば二つのパターンに大別される。すなわち、本来は構成員同士の助け合いなどの目的から結成された①「**会党**《フイダン》」（幇会《バンフイ》）と、民間信仰の宗教的つながりをもとに信者たちの人間関係が結ばれた②「**教門**《ジャオメン》」だ。この伝統的な二パターンに加えて、清朝や中国共産党の打倒といった政治目的を抱いて結成された組織を、③「**政治結社**」としてもうひとつのパターンに加えてもいいかもしれない。

中国の秘密結社の花形ともいえる「会党」は、ヨコのつながりが目立つ集団である。すなわち、仁《レン》・義《イー》・俠《シャア》といったマッチョな論理で意気投合した男同士による「結拝《ジエバイ》兄弟《ションディー》」や「結盟《ジエモン》」と呼ばれる義兄弟の契りこそ、彼らの人間関係の基本単位だ。こうしたアウトロー気質の男たちが生きる社会（「江湖《ジャンフウ》」）において、結盟のヨコのつながりのネットワークが拡大し、やがて「堂《タン》」を設けるような組織に成長すれば会党が誕生する。ひとたび義兄弟になった相手が危機に直面したときは生命を賭してでも守り合う。会党はそうしたタテマエを共有する相互扶助の結社だ。

義兄弟の結盟の事例は、『三国志演義』の冒頭のシーンで劉備《りゅうび》・関羽《かんう》・張飛《ちょうひ》が交わす「桃園《とうえん》の誓い」が有名だろう。また「堂」を中心とした組織化についても、『水滸伝《すいこでん》』の梁山泊《りょうざんぱく》の頭目・宋江《そうこう》が、天罡《てんこう》三十六星と地煞《ちさつ》七十二星の英雄豪傑一〇八人を集めてから、組織のセンターとして梁山忠義堂《りょうざんちゅうぎどう》を設けた故事がわかりやすい（なお、通俗小説である『三国志演義』や『水滸伝』はそれぞれ後漢末と北宋が話の舞台だが、登場人物の思考や行動には小説が成立した明《みん》代ごろの価値観や生活習慣が反映されている）。

本書の第一章から第三章で登場する洪門《ホンメン》（天地会《てんちかい》・三合会《さんごうかい》）や哥老会《かろうかい》（袍哥《パオガー》）、青幇《チンバン》などは、清朝後期から中華民国期にかけて活発に活動した会党たちだ。特に洪門系の組織は現代もなお、世界の華人社会で無視できない存在感を持っている。

彼らの一部は時代が下るにつれて、いわゆるチャイニーズ・マフィアになっていった。これは会党の組織が反社会的な利権を肥大させて変質したり（例、後期の青幇や紅幇《ホンバン》、香港の新義安《サンイーオン》や14K《サップセイケイ》など）、こうした先輩格の組織を模倣して新たに結成されたりして（例、一九七〇年代以降の中国大陸のマフィア）生じた存在である。

ちなみに私は二〇一八年十二月、カナダのバンクーバーのチャイナタウンで現地の洪門組織（洪門民治党駐カナダ総本部バンクーバー支部）の幹部・姚崇英《イウソンイン》（ヒルバート・イウ）に取材し、カナダ洪門の本部を見学させてもらったことがある（拙著『もっとさいはての中国』参照）。

カナダの華人は、歴史的経緯ゆえに広東系が多く、特に香港との関係が非常に密接だ。

このときの姚崇英の話によれば、香港の洪門系組織には合法的な結社である「白洪《バイホン》」と、マフィアである「黒洪《ヘイホン》」の双方がいるという。根は同じくしつつも、現在の洪門は表社会（儀礼的秘密結社）と黒社会（犯罪的秘密結社）の双方にまたがった存在になっているようだ。

中国の秘密結社の三パターン——②指導者に帰依して救済を求める「教門」

いっぽう、民間信仰をベースにした秘密結社である「教門」の代表選手は、元・明・清の各時代に信者がしばしば大反乱を起こした白蓮《びゃくれん》教だろう。この白蓮教は仏教の浄土思想と、光と闇の二元論をとなえた中央アジア系のマニ教の教えが混淆《こんこう》したとされる民間信仰だ。

特に元末の白蓮教徒の反乱（紅巾《こうきん》の乱）では、乱軍のなかから朱元璋《しゅげんしょう》（洪武《こうぶ》帝）が台頭し、やがて「明」という宗教性が漂う名称の新王朝を建てた。また、白蓮教は他の民間宗教と融合して羅《ら》教や無為教・大乗教・八掛《はっけ》教などさまざまな教えに派生していった。

いっぽうで体制側は、怪しげな民間宗教をその教えの内容にかかわらず「白蓮教」という名前で呼ぶようになった。清代の十八世紀末に起きた嘉慶《かけい》白蓮教徒の乱と呼ばれる大規模な教門の反乱はこの類だろう。

やがて、白蓮教の系統から武術と呪術《じゅじゅつ》を融合させた「神拳《しんけん》」という武術結社が誕生する。この神拳から、清朝末期の騒乱のもとになった義和団《ぎわだん》、華北を中心に広がった農村の自衛武装組織である大刀会《だいとうかい》や紅槍会《こうそうかい》などが生まれていった。また、羅教の流れをくみ中華民国時代に最大級の民間宗教に成長した一貫道《いっかんどう》（第六章参照）や、太平天国の乱を起こしたキリスト教系の拝上帝会《はいじょうていかい》なども比較的名前がよく知られた「教門」である。

教門系の秘密結社は、もうすぐ世界の滅亡（劫《ごう》）がやってくるといった終末思想や、弥勒《みろく》菩薩や明王《みょうおう》・真主《しんしゅ》・キリストなどの救世主が出現し、信者たちを救って理想世界に導いてくれるという千年王国思想を掲げる例が多い。また、絶対的な指導者（教祖）がしばしば個人崇拝や神格化の対象になり、組織形態としては家父長的なタテのつながりが重視される（ゆえに教祖が死ぬと一気に弱体化しがちだ）。

なお、中国共産党政権は建国当初、体制にとって不都合な教門系の秘密結社を「会道門《フイダオメン》」と呼んだが、一九八〇年代からは「邪教《シェジャオ》」という表現を好むようになった。

すなわち、本書の第四章で登場する気功集団の法輪功《ファアルンゴン》や、キリストが中国人女性に転生したという教義を信仰する全能神《チュエンナンシェン》（第五章）、韓国で生まれたプロテスタント系のカルトで中国にも広がっている新天地教会（第六章）、台湾発祥のチベット密教と道教が混淆した新宗教である真佛宗《ヂェンフォオゾン》（霊仙真佛宗《リンシエンヂェンフォオゾン》、コラム③）などは、いずれも中国共産党の基準では「邪教」だ。

これらの教団の信者たちは、中国国内では当局の弾圧のなかでひそかに信仰のコミュニティを維持している。当事者たちがそういった評価を望んでいるかはさておき、彼らは間違いなく、現代中国における教門系の秘密結社に他ならない。

中国の秘密結社の三パターン——③体制転覆をはかる「政治結社」

最後に③の「政治結社」については、たとえば辛亥革命前に孫文《そんぶん》（孫中山《スンヂョンシャン》）が組織した興中会《こうちゅうかい》や中国同盟会、さらに一九一四年に孫文が東京で結成した中華革命党（中国国民党の直接の前身）、政権奪取以前に地下活動に従事していた時期の中国共産党などが該当する。

また現代中国においても、すくなくとも二〇一五年ごろまでは、中国共産党内の改革派の後ろ盾を得ていたとみられる民主化運動シンパのネットワークが中国全土に張り巡らされていた。こちらも非常に秘密結社的な存在だ（拙訳『「暗黒」中国からの脱出』（顔伯鈞、著〕に詳しい)。二〇一九年六月以来の香港デモにおいて、特に同年八月〜十一月に公共物の破壊や警官隊との戦闘などの非合法活動を担当して名を馳せた「勇武派《ユンモウパーイ》」と呼ばれる若者集団も、ほとんど政治的秘密結社に近い存在だったと考えていい。

——もっとも、会党・教門・政治結社の三者の境界は曖昧《あいまい》だ。

教門でも参加者の動機が相互扶助であるケースは多いし、逆に会党の内部でも関帝《かんてい》(三国志の英雄・関羽が武神として神格化されたもの)などに対する礼拝行為がおこなわれている。教門である羅教から会党の青幇が生まれた例もあれば、拝上帝会や法輪功のように教門が政治結社化した例もある。

また会党の場合、十九世紀末に孫文が海外華人の洪門組織に向けて積極的に革命運動への協力を求めた結果、政治化が大いに進行した。現代の世界に存在する洪門系の組織は、マフィア化していないものは政治色を持つものが多く、多くが中国共産党や台湾の中国国民党の支援勢力と化している。なかには中国致公党《ヂョングオヂーゴンダン》(第二章)のように、中華人民共和国で中国共産党の衛星政党になった洪門系の政党組織まである。

洪門の系統以外でも、台湾のマフィアである竹聯幇《ヂュウリエンバン》は最高幹部の張安楽《ヂャンアンラー》(白狼《バイラン》)が中華統一促進党《ヂョンホアトンイーズゥジンダン》という極端な親中国政治団体の総裁におさまっており、学生運動のデモ破りや民進党政権批判といった政治活動を活発に展開している。

秘密結社国家・中国

中国の秘密結社が、真偽定かならぬオカルトの話題でもなければ遠い昔の歴史の話でもないことをおわかりいただけただろうか。詳しくは本文で紹介するが、秘密結社に関係したニュースは、中国の台頭や香港デモ、かつて習近平の最大のライバルだった薄熙来《ボーシィライ》の失脚、仮想通貨ブーム、新型コロナウイルスのパンデミックといった、非常に現代的な話題のなかでも見つけることができる。

そもそも中国では、かつて国家の覇権を争った中国国民党も中国共産党も元来は秘密結社かそれに近い存在だった。中国の政治体制と社会、さらに人々の人間関係の根幹には秘密結社的な要素が組み込まれている。むしろ私に言わせれば、秘密結社を知らないで、どうやって現代中国がわかるのかとすら思ってしまうほどだ。

本書でぜひとも、現代中国の秘密結社の怪しい姿を存分に堪能してほしい——。

一部　「仁・義・侠」の紐帯

第一章

洪門と青幇の近現代史

孫文・蔣介石・鄧小平は秘密結社をどう扱ったか

「おのおの、お静かに、お静かに」

「携帯電話が鳴らぬように」

　やや古風かつ威圧的な中国語で、司会者がアナウンスしている。台湾のどこかにあるらしい豪華なホールには、画面で見るところ一〇〇人程度の来場者が詰めかけていた。ステージ上の男たちはいずれも眼光鋭く、黒い道着風の中国服に赤や黄色の帯を締めていた。カンフー映画の登場人物のようないでたちだ。

　対して、会場の前列にいるやや年配の男たちは、私服の上にお揃いの赤いベストを着ている。台湾では選挙運動や慈善活動の際に参加者がこうしたユニフォームを着用することが多いが、なんと秘密結社の儀礼の場でも同様らしい。赤ベスト男たちの後ろにいるのは、パーティーの参加者のような普通の身なりの男女で、若者もいる。

　会場の中央にある真っ赤な祭壇には関帝の図像が掲げられ、周囲には漢字が書かれた三角形の軍旗が多数飾られている。さらに組織の掟《おきて》を毛筆体で記した黄色い看板がいくつもある。漢文調の呪文めいた章句なのでにわかには意味が取れないが、「十款《シィクアン》」（十の掟）と書かれたリストの下に「不洩露機密條《ブーシエロウジーミーティアオ》」（機密を洩らすな）という字句があるのは確認できた。

「××××兄弟《ションディー》。×××忠義《ヂョンイー》。××××！」

黒道着の男が、角張った口調で何かを叫ぶ。彼はまず両手を武術のスパーリングをおこなうように動かしてから、両手を握って親指を立て、右手を前に差し出し、左手を引いた。いったん静止してから、伸ばしていた右手を顔の前へ持っていき、親指の先を何度か額へ近づけるような仕草をしてみせる。

やがて他の黒道着たちもこれにならい、同様の動作をはじめた。彼らのいかつい顔立ちや服装のせいもあってか、やはりカンフーの演武大会を思わせる光景だ。

太鼓が鳴り、中華風の獅子舞がおこなわれる。リーダー格と思しき男が真っ赤なロウソクを灯して、線香を身体の前に掲げる。やがてホールの人波がザッと割れ、男たちがその中央を進んでいくと、手にスマートフォンやiPadを持った参加者たちがその様子を一斉に撮影しはじめた——。

これは二〇一六年二月、台湾にある秘密結社「洪門大道山礼賢堂《ホンメンダーダオシャンリィシエンタン》」でおこなわれた新メンバーの加入儀礼「開香堂《カイシャンタン》」を撮影した動画である。

かつて作家の澁澤龍彦《しぶさわたつひこ》が「秘密結社にして真に秘密結社たらしめるものは、この入社式と呼ばれる特別の儀式なのである」(『秘密結社の手帳』)と書いたように、組織への加入儀礼は、本来なら秘密結社にとって大きな秘密であるはずだ。しかし、洪門大道山はそんな儀礼を、なんと合計三本の動画にしてYouTubeにアップし、全世界に向けて公開していた。

同様の動画は、ネットを検索すると少なからず見つかる。伝統的な中華文化が色濃く残る台湾のものが多いが、他にもマレーシア・タイ・フィリピン・インドネシア・カナダ・オーストラリア・アメリカなど、十九世紀以降に華人が多く移住した各国で撮影されている。多くは「大道山」の動画と同じように、真っ赤な祭壇に関帝を祀り、強面《こわもて》の黒道着の男たちが謎めいた様子で演武を思わせるポーズを取って儀式を進めていく。

YouTubeだけではなくFacebookも興味深い。私が軽く調べてみると、所在地が台湾にあるとみられる組織だけでも以下のようなアカウントが見つかった。

• 中国洪門五聖山《ヂョングォホンメンウゥシェンシャン》(高雄市《ガオション》)

- 洪門五聖山智松総堂《ホンメンウゥシェンシャンヂーソンゾンタン》（新北《シンペイ》市。右の五聖山の支部と思われる）
- 中国洪門忠原山総堂《ヂョングォホンメンヂョンユエンシャンゾンタン》（彰化《ヂャンホア》県）
- 洪門忠台山《ホンメンヂョンタイシャン》（宜蘭《イーラン》県）
- 洪門天地会青蓮堂《ホンメンティエンディーフイチンリエンタン》（不明。日本に支部が存在する）
- 洪門龍台山天山総堂《ホンメンロンタイシャンティエンシャンゾンタン》（不明）

いずれも大道山と同じ洪門系の組織で、多くは堂《タン》（支部施設）のマークをアカウントのアイコンに掲げている。また、洪門とは別系統の秘密結社である青幇《チンバン》らしき組織も見つかった。

- 青幇臨済安清《チンバンリンジーアンチン》（板橋《バンチャオ》市）
- 台南安清協会湖州頭《タイナンアンチンシェフイフゥヂョウトウ》（台南《タイナン》市）

洪門や青幇は中華圏ではなかば伝説的な存在の、前近代から続く秘密結社だ。二十一世紀のＩＴ社会の産物であるYouTubeやFacebookとの組み合わせはミスマッチに思えるが、彼らの業界もそれなりに時流に乗って活動しているのだろう。

本章では中国の秘密結社の代表選手とも言うべき洪門や哥老会・青幇について、その組織の性質と「秘密」の正体、そして約三〇〇年にわたる会党系秘密結社の歴史を詳しく追っていくことにしたい（なお、近代中国史に興味がない人や、逆に会党についての基礎知識がある人は、本章を飛ばして第二章から読みはじめても構わない）。

皇帝独裁制度が生んだ安定と混乱

一九四九年の中華人民共和国の建国まで、会党は中国の社会に深く根を張ってきた。こうした組織が数多く生まれた理由は、中国の伝統的な政府権力のありかたそれ自体にあった。

十世紀の宋王朝以降、中国の歴代王朝は「宇宙の中心」たる皇帝が官僚を地方へと送り込む中央集権的な体制によって、広い国土と膨大な人民を支配してきた（「君主独裁制」という）。ちょうど、各地方の藩が世襲の殿様によって治められ、行政の裁量権も大きかった江戸時代の日本と正反対の統治体制である。

かつての中国の君主独裁制は、地方の指導者が軍閥化したり独立王国を作ったりする事態を一定程度までは防げるメリットがあった。宋代以降、過去の三国時代のような地方勢力の群雄割拠が王朝末期以外はあまり起きていないのは、中国を統治するうえで君主独裁制が非常に優秀だったからである（現在の中華人民共和国の体制が安定しているのも、中国共産党が王朝時代とよく似た中央集権的な体制を築くことに成功したからだ）。

ただ、この体制にも欠点があった。それは中央から送り込まれる官僚（地方官）たちに赴任先の土地に対する理解や愛着が薄く、丁寧な統治をおこなうには限界があったことだ。任期を大過なく勤めあげる必要があった地方官にとって、現地の民生を向上させるために苦労するインセンティブはあまりない。事実、実際の地方政治は地元出身の民間人事務官（胥吏《しょり》）たちに任せきりであることが多かった。

お上《かみ》は民事にできるだけ介入しない立場を取り、社会保障や生活福祉政策の実施にも消極的だった。中国の国家権力が、中央集権体制を維持しながらも庶民の民生にも配慮しはじめるのは、二十世紀の中華人民共和国の時代になってからの話である。

サバイバル術としての秘密結社の結成

伝統中国の社会は、お上がさっぱり信用できず、社会福祉どころか警察や司法の機能すら当てにできなかった。そのため庶民は、政治や社会や他人に対して常に強い不信感を抱きながら生きることを余儀なくされた。

すなわち、トラブルはすべて自力で解決（自力救済）しなくてはならず、力なき弱者は他人に騙《だま》されたり権利を侵害されたりしても泣き寝入りやむなし――。という、究極の自己責任社会だったのである。

だが、個人の生きる力には限界がある。周囲の一切が信用できない厳しい世の中だからこそ、本当に心を許し合える仲間や、近視眼的な損得勘定は抜きに必ず自分を保護してくれる組織が強く求められることになる。

そこで伝統的な中国人たちがまず頼ったのが、父系の血縁者同士で寄り集まった「宗《そう》族《ぞく》」という集団だった。さらに、大都市や海外に移住して故郷の宗族から離れた人たちの間では、同じ故郷にルーツを持つ人間同士で寄り集まる「同郷会《トンシャンフイ》（会館《フイグアン》）」という相互扶助組織がしばしば作られた。

たとえ遠縁でも同じ一族である人物や、故郷のどこかに共通の知人がいるかもしれない同郷の人物なら、自分を騙したり裏切ったりする可能性は低い。困ったときはお互い様なのだ。ゆえに一昔前までは、中国人の社会における冠婚葬祭や子弟の教育の支援、就職の斡旋《あっせん》、飢饉《ききん》をはじめとした災害対策、治安維持といった公共サービスは、宗族や同郷会が身内（自家人《ヅージャーレン》）のみを対象として提供するものだった（日本の横浜中華街でも、戦前まではこうした同郷会組織が活発に機能していたという）。

だが、ここで困るのが出稼ぎの肉体労働者や、兵士・賭博者・アウトローといった、頼るに足る血縁や地縁をろくに持たない一匹狼の男たちである。

そこで、この手の寄る辺なき者たちが発明したのが「会党」や「幇会」というシステムだった。すなわち、他人と〝秘密〟を共有することで義兄弟の契りを結び、生命を賭してでもお互いを助け合う家族のような人間関係を人為的に作り上げる。そうすれば宗族や同郷会のバックアップがなくても、なにかあったときに安心なのである。

会党のはしりは清代中期に福建《ふっけん》省で生まれた洪門（天地会）だったとみられている。彼らが生まれた背景については、よりローカルな社会事情にも言及しておこう。

すなわち十八世紀以降、洪門発祥の地である福建省の南部では、宗族同士が銃火器を持ち出して争う大規模な民間武力抗争（械闘《かいとう》）が非常に盛んだった。

なかには大勢力の宗族による圧迫に対抗するため、弱小勢力の宗族が同じ姓を名乗り、あたかも同族のように振る舞う（異姓結拝）例があった。結果、結拝の習慣が社会において広く見られることになった。

また、勢力の強い宗族は械闘に備えて、「鳥《とり》」と呼ばれる傭兵や「頂凶《ちょうきょう》」と呼ばれる、当局への身代わり出頭要員を集めた。鳥や頂凶は簡単に生命を落とす存在であり、宗族のメンバー外から社会的に低階層の男たちが集められた。なかには、こうした人々が「浪子班《ろうしはん》」などと名乗って傭兵結社のような集団を形成する例も出てきた。当然、明日の生命も知れぬ者同士で義兄弟の契りを結ぶ例もあっただろう。

このような殺伐とした社会環境から、構成員が擬似的な家族集団を形成して相互扶助を図る、洪門のような秘密結社が生まれていったのである。

苦力とチャイナタウンと秘密結社

洪門の系統に連なる会党は、中国国内はもちろんのこと、十九世紀なかば以降に海外の華人社会で爆発的に広がった。現在でもアメリカやカナダ、南米などで活発な活動が観察できる（第三章参照）。

海外で洪門が拡大した理由は、十九世紀に大量に現地に渡航した苦力《クーリー》（中国人労働者）たちに、会党が盛んな福建省・広東《カントン》省出身者が多かったことも一因だ。ただ、なにより当時の彼らの過酷な境遇が背景にあった。

「ゴールド・ラッシュの際に、米国サンフランシスコから数多くの華人がヴィクトリアに来て、そしてバーカービルまで来た。一八六三年、多くの差別に直面し、苦しい労働をおこなう華人たちの中から（カナダの）洪門は生まれた。洪門は華人の管理団体として発展した。河川などを管理したり、テリトリーを決めたり、われわれは警察《ポリス》のような存在だった」

たとえばこちらは、私が過去に直接話を聞いた、カナダ洪門のバンクーバー支部主任委員である馮治中《フォンジィチョン》（セシル・フン）が語った往年の会党組織の役割である。中華民国期の上海租界や、中華人民共和国の建国後の香港も然り、貧しい移民が急増した地域ではしばしば秘密結社が急成長し、ときに現地の治安維持すら担う。馮治中は続ける。

「かつて、新たにやってきた英語ができない華人は、私たちのところへ来て洪門の仲間になった。そこで私たちは彼らに家や仕事を見つけてやった。多くの移民は教育を受けていなかったので、故郷から来た手紙を洪門が代わりに読み聞かせ、代わりに書いてやったりしていた。銀行が信用できないので、金銭を預かり、故郷に送金してやったりしていた。病気をしたとき、警察と揉めたとき、（額の大きな）買い物をするときに通訳してやったりもした。最も大事なのはカナダにいる華人が死んだときだ。我々はその棺桶を、香港経由で故郷の村まで送ってやった――」

もっとも、洪門の当事者である馮治中は決して話さないが、会党が提供する「相互扶助」のなかには、男性労働者たちには欠かせない娯楽だった中国人売春婦（猪花《ヂューホア》）の斡旋やアヘンの調達、賭場の仕切りなども含まれていた。これは結果的に、娯楽サービスの提供に特化して利権集団化した一部の会党が、やがてマフィア化の道を歩む理由にもなっていくのである（ただし、カナダ洪門は戦後の一九七一年にカナダ政府の認可を受けた合法団体になり、マフィア行為とは決別したとされる）。

図１　バンクーバーのチャイナタウンにある中華会館内で出会った洪門のメンバー（左端と右から２番目）と筆者。2018年11月29日

儀礼、符丁、隠語

さて、中国の三大会党は、洪門系・哥老会系・青幇系である。ここからは洪門を中心に、哥老会や青幇にも言及しつつ過去の彼らの姿を追っていこう（ちなみに、会党と幇会はほぼ同じ意味だが、後者のほうがアウトロー的な匂いが強い印象だ。この本でも呼称を若干使い分けている）。

洪門は清代には天地会と名乗ることが多かったが、これは結拝の際に「天を拝して父となし地を拝して母となす（拝天為父拝地為母）」ことが由来とも言われる。さらに中国語音の発音（tiān dì huì）が天地会と同音である添弟会《てんていかい》、洪門の「洪」の字のさんずいを象徴して三点会《さんてんかい》、天地人の合一を意味する三合会《さんごうかい》といった異名で呼ばれたり、小刀会《しょうとうかい》・匕首会《ひしゅかい》・清水会《せいすいかい》・双刀会《そうとうかい》などさまざまな名称の分派組織が存在した。

洪門の入会儀礼は、関帝を祀った忠義堂で、型通りの問答と入会希望者の成約をおこない、鶏の頭をはねてその血をすすり合い盟約を結ぶ。また、かつては自分の血を垂らした酒を分け合い飲むこともあった。

新会員には洪門の内部でのみ通用する暗号や隠語が教授された。有名なのは、茶館の

図2　筆者が見学させてもらった、バンクーバーのカナダ洪門の施設内。関帝を祀った忠義堂と、洪門の象徴である紅花亭。カナダ国旗と中国国旗が左右を飾る

机に配置する急須と茶碗の位置でメッセージを伝える「茶碗陣」だ。たとえば、急須の口の向きに茶碗を三つ並べると相手に戦いへの加勢を頼むメッセージになり、加勢に協力する側は意思表示として真ん中の杯の茶を飲んでみせる……といった、特殊なコミュニケーション術である。また、初対面の相手の身体を軽く叩いて「汝は盲目か？」と尋ね、それに「違う、われの目は汝の目よりも大きい」と回答するか否かで仲間を判別するなど、同志を見分けるための特殊な身振り手振りや問答も数多くあった。

（なお、私が実際に取材したカナダの洪門組織では、すでに茶碗陣は廃《すた》れていた。いっぽう特殊な符丁はいくつか残っており、幹部の姚崇英いわく、初対面の相手との握手の際は中指で相

手の手のひらの中央を突き、相手が突き返してくるかで仲間を判別するという。また、食事の際に箸の先端を自分の側に向けて縦に置く者は、たとえ多人数の会食の場であっても一目で仲間だとわかるという。そのほか、一九九〇年代に香港の洪門系マフィアである１４Ｋと会食した日本総領事館関係者によると、１４Ｋ構成員たちは他者に煙草を渡す際に故意に三本を示し、相手が真ん中の煙草を選ぶか見るとされる。）

ほか、往年の洪門の構成員たちは、「順天行道《シュンティエンシンダオ》」（天に順《したが》い道を行う）という言葉を、偏旁《へんぼう》や一部の画《かく》を取り去り「川大丁首《チュアンダーディンショウ》」と書くなど、漢字を分解して奇妙な文字表記をおこない、さらに独自の隠語を用いた。清代の社会風俗を記した『清稗類鈔《しんはいるいしょう》』「会党類」には、こうした隠語の実例が数多く紹介されている。

たとえば三合会の場合、集会場が紅花亭《ホンホアティン》もしくは松柏林《ソンボォリン》、新たに入会する行為が入《ルー》圏《チュエン》や拝正《バイヂェン》・出世《チューシー》、新入会員が新丁《シンディン》、集会が開檯《カイタイ》や放馬《ファンマァ》、三合会の同志は香《シャン》や洪英《ホンイン》・豪傑《ハオジエ》、対して外部の人間は風《フォン》や瘋子《フォンヅ》・鷓鴣《ヂェーグー》、ブタは毛瓜《マオグア》で豚肉は白瓜《バイグア》、焼き豚は金瓜《ジングア》や紅瓜《ホングア》、アヘンは雲遊《ユンヨウ》でアヘン吸引行為は咬雲《ヤオユン》……、などである。

また、四川《しせん》省など長江中上流域で強かった哥老会でも、会員を圏子《チュエンヅ》や在玄《ヅァイシュエン》、集会を開山《カイシャン》、アヘンを熏老《シュンラオ》、アヘン吸引行為を靠熏《カオシュン》と呼ぶなど、独特の語彙《ごい》が数多く用いられた。

はったりとしての国家転覆思想

清代、洪門をはじめとした会党の〝秘密〟とは、すなわち「反清復明《はんしんふくみん》」（満洲族の清朝を打倒し漢民族の明朝を復興させる）思想を持っていることだとされた。たとえば中国革命の父・孫文《そんぶん》は演説のなかでこんなことを言っている。

　話が会党のことになったので、会党の起源を知らねばなりますまい。会党は満清の康熙《こうき》のころ、いちばんさかんでありました。順治帝が明朝を破ってはいってきて、中国の主人となると（一六四四）、明朝の忠臣義士は、各地で抵抗にたちあがりました。康熙の初年になってもまだ、抵抗する者があったのです。だからその時代の中国は、まだ完全には満州に征服されていなかった。康熙の末年以後、明朝の遺民は、ようやく姿を消していきます。なかでも民族思想の豊かな人々の一派は、大事去れり、もはや満州に抵抗しうる力はなくなった、と感じ、そこで社会の状況を研究して、会党を結ぶという方法を編みだしました。

『世界の名著七八　孫文　毛沢東』「三民主義」

明朝を慕い満洲族王朝の清朝に抵抗する者たちが、密かに結成した組織が会党（洪門）であるという認識だ。事実、洪門の構成員の間で現在まで信じられている伝説では、康熙年間（一六六二〜一七二二年）に清朝の弾圧を受けて壊滅した福建省の南少林寺の武僧の生き残りが、清への復讐を目指して万雲龍《ばんうんりゅう》という和尚を大哥《ダーガー》（兄貴）に据えて結成したのが洪門であるとされる。

もっとも、この説は学術的には否定されており、実際の洪門は乾隆《けんりゅう》年間（一七三六〜一七九五）ごろの中国南部で自然発生的に生まれた組織だったとされる。すなわち「初期の天地会は下層の群衆の相互扶助と暴力に対する自衛を目的として結成されたもの」で「明確な政治的目標があったわけではなく、「革命組織」などでもなく、封建社会における原始的な形式の秘密結社だった」（秦宝琦《チンバオチィ》『洪門真史』）というのが、おそらく正確な理解である。

また、中国秘密結社研究の大家として知られる山田賢（千葉大学大学院人文科学研究院理事）は、洪門が掲げた理念である「反清復明」の正体について、単に自分たちを秘密めいたイメージで覆い、他者を畏怖《いふ》させるための実体なき演出にすぎないものだったと指摘している。つまり、国家転覆を考えるような危ない組織の構成員だというイメージを他者に与えてびびらせることを目的に、「反清復明」を唱えていたわけだ。

奇妙な加入儀礼や、特有の符丁や暗号についても同様だった。これらの行為自体には大した意味がなく、外部の人間に奇異なイメージを与えて畏怖させることや、構成員の帰属意識を高めることにこそ本当の目的があったとみられている。

秘密結社の反乱と「建国」ラッシュ

しかし、当初はフィクションの設定にすぎなかったはずの「反清復明」は、やがてウソから出た実《まこと》になる。

清朝の体制にほころびが出てくると、アウトローたちがこのスローガンを掲げて反乱を起こしたからだ。なかでも一七八六年に台湾で起きた林爽文《りんそうぶん》の乱を皮切りに、会党が反乱を主導したり、既存の反乱に組織的に協力したりする例がしばしば見られるようになった。

たとえば洪秀全《こうしゅうぜん》が一八五一年に起こした太平天国の乱では、天地会などの会党関係者が大量に太平軍に加わった（いっぽう、乱を鎮圧する清朝の曽国藩《そうこくはん》の私兵である湘軍《しょうぐん》や、同じく李鴻章《りこうしょう》の私兵である淮軍《わいぐん》にも大量の哥老会員が参加し、乱の鎮圧後に失業兵士が続出すると、今度は哥老会自体が社会治安の害になった）。

太平天国の乱が起きた時期（咸豊《かんぽう》年間）の清朝は、史上まれに見るほどの内憂外患に悩まされた。すなわち、太平天国の他にも華北で捻軍《ねんぐん》と呼ばれる巨大な農民反乱が発生。さらに雲南《うんなん》省や陝西《せんせい》省・甘粛《かんしゅく》省でそれぞれ回民《かいみん》（イスラム教徒）が蜂起し、一八五八年には英仏連合軍を相手にしたアロー戦争に敗北して北京が陥落しているのである。

——ゆえに王朝の弱体化と社会混乱に乗じて、会党の反乱も活発化する。

たとえば一八五三年には上海と厦門《あもい》で小刀会、福建省永春《ヨンチュン》県で紅銭会《こうせんかい》という天地会系の会党が蜂起した。さらに一八五四年には、数年前から湖南《こなん》省と広西《こうせい》省（現在の広西チワン族自治区）一帯を荒らし回っていた天地会系会党の党目の胡有禄《こゆうろく》と朱洪英《しゅこうえい》が、それぞれ定南王と鎮南王を自称して「昇平天国」という国家を建国。新たな年号「太平天徳」を立て、二年にわたって勢力を維持した。

翌年には、別の天地会の首領の陳開《ちんかい》と李文茂《りぶんも》が反乱軍一〇万人を率いて潯州府《じんしゅうふ》（現在の広西チワン族自治区桂平《けいへい》市）に入り、新国家「大成国」を建国している。この大成国は洪徳という年号を立てて「洪徳通宝」という独自の貨幣まで発行し、首都の潯州府を秀京《しゅうけい》に改名して、一八六一年まで政権を維持した。さらに残党は一八六四年まで活動がみられたという。

また、一八五六年には広西省東部で、やはり天地会員の陳金剛《ちんきんごう》が興南王を称して「大洪国」を建国し、一八六三年に滅亡するまで一〇万人以上の兵力を擁して清朝軍を悩ませた。さらに広西省ではこの時期、さらに三人の天地会員が勝手に王を名乗って各地に政権を立てた。

いっぽう、哥老会系の会党は四川省と長江中流域の内陸部でそれぞれ発達し、すこし時代がくだった十九世紀末には、中国を侵略する西洋勢力への反発からキリスト教の反対運動（反洋教運動）を熱心におこなった。哥老会はやがて袍哥《パオガー》とも呼ばれ、清朝末期には保路《ほろ》運動（辛亥革命の引き金になった鉄道国有化反対運動）に加わるなどして、大いに世の中を騒がせた。

政治色が強くインターナショナルな洪門や、都会的な青幇と比べて、袍哥はより泥臭く地域密着型の組織が多かった。ゆえに、地元の利益に関わるような問題について特に活発な活動が見られたと言えるだろう。

洪門の元帥・孫文

やがて十九世紀末になり、会党は歴史に決定的な影響を与える。

清朝の打倒を目指していた孫文が、会党（特に洪門）の反体制的な性質に目を付け、革命の力とするべく利用を図ったからだ。

そもそも孫文自身、青年客気《かっき》の志に燃えていた二十代前半のころに鄭士良《ていしりょう》や尤列《ゆうれつ》らの三合会構成員たちと親しく交わって以来、洪門と縁が深かった。事実、一八九四年にホノルルで結成した反清朝の政治結社・興中会の初期のメンバーはほとんどが洪門の構成員で占められ、一九〇四年には同じくホノルルで他ならぬ孫文自身が現地の三合会に加入している。孫文の洪門における肩書きは「洪棍《ホングン》」（元帥）で、洪門の仲間からは「孫大哥《スンダーガー》」（孫兄貴）と尊称で呼ばれた。これと同年には、孫文が手ずからサンフランシスコ致公総堂《ちこうそうどう》（在米華人の洪門組織）の会則を書き換え、旧態依然たる会党を近代的な革命団体に変えようと試みている。アメリカで孫文の最大の協力者となったのは、サンフランシスコ致公総堂の大佬《ダーラオ》（親分）だった黄三徳《こうさんとく》という人物だ。

やがて一九〇五年、孫文は日本の東京都内で興中会・華興会《かこうかい》・光復会《こうふくかい》の三団体を糾合して中国同盟会という新たな政治結社を立ち上げる。孫文は結党に先立ち作った盟約書で「天運」という洪門（三合会）系の年号を使い、さらに同盟会員を互いに識別する符丁として「何處人？」《どこの人か》「漢人」《漢人なり》「何物？」《何の物か》「中国物」《中国の物なり》「何事？」《何の事か》「天下事」《天下の事なり》という、会党さながらの問答を定めていた。

そして一九一一年五月にはなんと、サンフランシスコ致公総堂と中国同盟会の合併を図っている。後世では革命団体として知られている興中会や中国同盟会と、会党の三合会は、実は孫文の目から見れば本質的な差がない存在だったようだ。

また、孫文は辛亥革命に先立って恵州《けいしゅう》蜂起や黄花崗《こうかこう》蜂起など合計一〇回にわたる武装蜂起を試み、そのすべてに失敗したが、これらも会党の武力に頼った。巨額の革命資金の多くも、北米をはじめ海外の洪門組織が集めたカンパで調達した。孫文がやがて、祖国で一九一一年十月十日に辛亥革命（武昌《ぶしょう》蜂起）が勃発したという第一報を聞いたのも、革命資金の寄付を募る旅の途中で宿泊したユタ州のホテルでのことだった。

秘密結社版「裏切られた革命」

しかし、やがて中華民国が成立すると洪門は切り捨てられる。

辛亥革命後、中国同盟会は国民党（後年の中国国民党とは別政党）と名を変えて近代政党へと脱皮を図るいっぽう、これまで革命を支えた海外の洪門組織が独自の政党を結成して母国の政治に参加することを認めなかった。これはサンフランシスコ致公総堂の黄三徳の面子《メンツ》を潰す形となり、孫文や国民党（およびその後の中華革命党や中国国民党）と、洪門の関係は急速に悪化していった。

特に中国革命に多額のカンパを出した北米各地の洪門では、恩知らずな孫文に対する反発が広がり、一九一五年にはカナダ西海岸のヴィクトリアで国民党関係者と洪門構成員の暴力衝突まで発生。また一九二五年に孫文が死去した際は、ヴィクトリアの中華会館で開かれた追悼会に対して、洪門の構成員たちが銅鑼《どら》を鳴らしたり高笑いしたりして妨害するほどの事態になった。

その後もアメリカやカナダ、オセアニアなど海外各地の華人社会ではながらく国民党と洪門の対立関係が続いた。中国国内における洪門の存在感も、革命以前と比べると精彩を欠くようになった。

（やがて、洪門の一部は一九二〇年代に孫文の政敵である革命派の軍人政治家・陳炯明《ちんけいめい》と結びつき、「中国致公党」という新政党を結成する。この致公党は紆余曲折の末に現代まで中国の体制内で生き残ることになるのだが、詳しくは第二章で説明しよう。）

青幇、蔣介石を助け魔都を握る

中華民国期に入り、洪門のかわりに台頭したのが、長江上流域の哥老会をルーツとする「紅幇」と、長江中・下流域の水運労働者の組織を母体とした「青幇」である。中華民国の統治が安定せず社会不安が増すなか、幇会（会党）の構成員たちは塩や武器・アヘンの密売に従事したり、緑林白波《りょくりんはくは》の土匪《どひ》となって地方を支配したり、さらに軍閥勢力の兵力として抱え込まれたりすることとなった。

なかでも青幇は急速に黒社会化し「魔都」上海を支配した。当時の上海は、米英日の共同租界とフランス租界が存在し、中国政府の行政権が及ばない治外法権地帯を形成していた。いっぽう、中国各地の流民たちは軍閥の混戦を嫌い、社会状況が相対的に安定していた上海に流入。都市人口の激増と治安の悪化を背景に、上海青幇は流民たちを吸収してマフィア化し、急成長したのだった。

ちなみに、洪門や哥老会では構成員がお互いを「兄弟《ションディー》」と呼び合い平等な関係性が強かったのに対して、青幇は組織のルーツである羅教が禅宗の影響を受けていた関係もあり、新入りは組織内の幹部に弟子入りして拝跪《はいき》する形（「拝師《バイシー》」）を取った。ゆえに青幇の組織はヨコの広がりが弱い反面、上下関係が明確であり、彼らがマフィア化してからはこの特徴がかえって青幇の強みになったという。

清末の洪門が孫文と結んだのに対して、上海青幇の三大亨《サンダーシャン》（三人の大親分）だった黄《こう》金栄《きんえい》・張嘯林《ちょうしょうりん》・杜月笙《とげつしょう》は、中国国民党右派の若きホープだった蔣介石《しょうかいせき》と結びついた。蔣介石はもともと、中国同盟会員で青幇幹部でもあった陳其美《ちんきび》と交友があったうえ、一説では一九二〇年代に株式売買に失敗した際に黄金栄に助けられ、彼に「拝師」して青幇に入会していたとも言われる。この噂の真偽はさておき、蔣介石が青幇と浅からぬ縁を持っていたことは間違いない。

やがて、国民党の容共方針（第一次国共合作）に強い不満をいだいていた蔣介石は、上海青幇の協力を得て労働者武装組織や共産党員を実力排除する上海クーデター（四・一二事件）を敢行する。上海青幇は国民党権力の補完勢力になることで我が世の春を謳歌し、アヘン供給を一手に取り仕切って巨万の富を築くにいたった。

特に杜月笙の羽振りの良さはすさまじく、黒社会稼業で得た資金を金融業などに投資して表世界にも進出。二〇〇社ともいう企業の役員に名を連ね、上海市やフランス租界の要職にも就任した。さらにメディアや労務運動までも支配し、慈善家としても名を馳せた。この杜月笙と上海青幇の黄金時代は、一九三七年の日中戦争の勃発にともない上海が陥落するまで続くことになった。

その後の日中戦争では、青幇も洪門も、重慶《じゅうけい》の蔣介石を支持するか、征服者である日本軍や汪兆銘《おうちょうめい》の傀儡《かいらい》政権を支持するかで、各地方や派閥ごとに大きく方針が分かれた。

たとえば青幇の場合、重慶に逃れた杜月笙は対日徹底抗戦を望んだが、上海に残った張嘯林や、天津の青幇は日本に協力した（結果、張嘯林は一九四〇年に国民政府の特務機関に暗殺されている）。対して洪門は、北米など海外の組織が抗日救国を唱えて多額の募金を集めたいっぽう、上海や広州では対日協力組織が結成された。ほかに教門の分野でも、巨大民間宗教の一貫道（第六章）は対日協力に大きく舵《かじ》を切った。

国共内戦に翻弄された哥老会

中華人民共和国が建国される過程でも、秘密結社は複雑な動きを見せた。洪門の政党・中国致公党については次章で書くので、ここでは袍哥（哥老会）と青幇の動きを紹介しておこう。

まず袍哥だが、彼らは四川省と長江中流域の民間社会に根深く食い込んだ存在だけに、後に中国共産党の大幹部になる人物にも関係者や加入者が大勢いた。たとえば四川省出身の鄧小平《とうしょうへい》の父親（鄧紹昌《とうしょうしょう》）は袍哥の幹部だったとされ、さらに人民解放軍の元帥である朱徳《しゅとく》や賀龍《がりゅう》は、若き日に本人が袍哥に加入していた。特に豪快な兄貴肌で知られた賀龍は、一九二七年に中国共産党の入党儀式を終えた際に「手続きがずいぶん簡単だったね。哥老会に入ったときみたいに決まりごとがたくさんあるわけじゃないんだな」と、同志の張国燾《ちょうこくとう》に冗談を飛ばしていたという。

そもそも中国共産党が全国統一を成し遂げる以前、現場レベルにおける革命の大きな課題のひとつは、袍哥のような土着性の強い会党や教門・土匪などをどう取り扱うかだった。党勢が弱かった一九二〇～三〇年代には、紅軍（人民解放軍の前身）がこれらの土着勢力と協力しあって戦う局面もかなり多く見られたのである。

たとえば毛沢東《もうたくとう》が秋収蜂起（一九二七年）の失敗後に手勢を引き連れて身を寄せた井《せい》崗山《こうざん》では、匪賊の頭目である王佐《おうさ》・袁文才《えんぶんさい》を共産党に協力させて組織を吸収している。また一九二九年には、賀龍が湖北《こほく》省の「神兵」約三〇〇人を自軍に組み込んだ話もある。

この神兵は往年の義和団と同じく、紅い衣をまとって神の力を借りれば銃弾も通さない不死身の肉体（刀槍不入《とうそうふにゅう》）を得られると信じて戦う教門だった（もっとも、秘密結社の出身者の多くは共産党の体制が整うと粛清されることが多く、王佐と袁文才は悲惨な末路をたどったほか、賀龍も文化大革命で事実上の迫害死を遂げている）。

——話を袍哥に戻そう。

中国共産党はこうした往年の事情ゆえに、地域社会から袍哥を除去することの難しさを熟知していた。やがて第二次国共内戦を優位に進め、全国統一が見えてきた段階においても、袍哥勢力が弱い地域では徹底的な根絶作戦をおこなったものの、勢力が強すぎる地域では、最初のうちは慎重な姿勢を取ることも多かった。

だが国共内戦の最末期、追い詰められた国民党は袍哥の中心地である四川省を最後の拠点として共産党に抵抗した。ゆえに当時の袍哥は国民党に協力したり、治安が悪化した省内で匪賊的な行為に出たり、さらに共産党による占領後に食料供出を実力で拒否する動きを見せたりした。結果、四川省が「解放」される過程で、袍哥は徹底的な処分を受けることになった。

もともと中国内陸部を勢力範囲とする袍哥は、沿海部の洪門や青幇と比べて海外（香港・台湾を含む）との結びつきが弱い。地理的に近いミャンマーなどに彼らの系統の華人団体が残っている可能性はあるとはいえ、社会主義革命のなかで、袍哥はほとんど命脈を絶ったとみられている。

狡兎死して走狗煮らる

いっぽうで青幇も時代の流れに飲み込まれた。日本軍の撤退後、青幇は再び上海に戻ってきたものの、大戦により各国の租界が消滅して治外法権的な世界が消えたことで、組織の影響力は大きく落ちた。狡兎《こうと》死して走狗《そうく》煮らると言うべきか、国民党も青幇を切り捨てる動きを見せ、一九四八年八月には杜月笙の三男が、蔣介石の息子で国民党特務機関のボスだった蔣経国《しょうけいこく》（後の中華民国総統）により逮捕される大事件が起きる。やがて中国共産党の上海支配が確実になると、老齢の黄金栄は共産党に降伏し、杜月笙は香港に脱出。ただし杜月笙も一九五一年に失意のなかで死亡した。

加えて上海の解放後、中国共産党軍事管理委員会政治工作部は、青幇を「帝国主義・国民党勢力を後ろ盾に、ありとあらゆる悪事をし尽くした」「封建的な幇会組織」と定義し、徹底的に取り締まったため、上海青幇はほぼ壊滅したとされている。

もっとも、青幇は中国大陸から脱出した後も香港の黒社会で一定の存在感を保ち、特にヘロインの売買で名を知られた。また、台湾にも杜月笙系の人脈を中心とする約三〇〇人が亡命。彼らは中華正義社《ヂョンホアヂェンイーシェー》や中華安清協会《ヂョンホアアンチンシエフイ》などの分派組織を結成し、一部は合法化して現在まで残っている（本章の冒頭で言及した、Facebook上で見つかる青幇を名乗る組織もこれらの仲間だろう）。

現在の青幇の勢いは、往年とは比ぶべくもない。ただ、二〇一八年五月に台湾の青幇系組織・中華安清協会の百八歳の長老・崔介忱《ツイジエチェン》が誕生日を迎えた際に、なんと国民党の名誉主席である連戦《リエンヂャン》が自筆の祝賀の言葉を送った例もある。台湾逃亡から七〇年近くを経てもなお、外省人を中心とした国民党内の保守派と青幇の縁が完全には途切れていないことがうかがえる。

台湾の親中紙『旺報《ワンバオ》』などが報じるところでは、この崔介忱の誕生イベントには、中国大陸からも「中華安清総会《ヂョンホアアンチンゾンフイ》」の総顧問を名乗る蔡江濤《ツァイジャンタオ》という人物が青幇メンバーとされる中国人二十数人を引き連れて参加したという。

ウェブ百科事典『百度百科』によると、この蔡江濤は一九七二年福建省生まれ、複数の企業を経営するビジネスマンだ。企業グループ儒釈道集団《ルッシーダオジィトゥアン》の代表、中国大陸に残存する民主党派（次章で詳述）の中国国民党革命委員会《ヂョングオグオミンタンガァミンウェイユエンフィ》（民革《ミンガァ》）の党員や「大中華共和《ダーヂョンホアゴンホォ》党《ダン》」なる謎の政党の総裁、さらに中華一国両制和平統一促進会《ヂョンホアイーグオリャンヂーホォピントンイーズゥジンフィ》（中華一国二制度平和統一促進会）会長、中国紅色文化伝播大使などといった不思議な肩書きを数多く持っている。

たいへん謎が多い人物だが、彼が中国共産党の統一戦線工作に協力し、青幇人脈を通じて台湾（国民党）側とパイプを作る作業に従事していることは、肩書きと活動内容を見る限りほぼ間違いないだろう。そもそも、前任の胡錦濤《こきんとう》時代ならばともかく、管理が厳しい習近平《しゅうきんぺい》時代に、中国国内在住者が非公認政党の総裁を名乗って民間外交に従事する行為を勝手におこなえるわけもない。

青幇の組織は、現在でも香港・台湾のみならず中国大陸にも存在し、共産党・国民党の双方に一定のパイプを持っているのである。

「空虚な器」にはなんでも入る

あらためて見てみると、中国近現代史における会党の影響はやはり大きい。

孫文（洪門）、蔣介石（青幇）、鄧小平・朱徳・賀龍（哥老会）というそうそうたる面々が、すべて会党に加入するか深い関係者だった事実は衝撃的だ。中国の政治は常に秘密結社によって動かされてきた――。などと、陰謀論めいた歴史観を主張したい誘惑にも駆られる。だが、ここでもうひとつ忘れてはならない事実がある。

それは孫文も蔣介石も中国共産党も、用済みになれば会党を切り捨ててきた点だ。すなわち、彼らは自分が危機に陥ったり仲間を増やす必要があったりしたときには会党の力を頼り、自身がメンバーとして加入することすらやぶさかではないが、用済みになれば容赦なく手を切っているのである。そもそも一流の政治家は、世話になった相手でも情を持たずに切り捨てられる才能の持ち主なのだとも言える。

ただし、こと会党に関しては、裏切られる側にも充分な理由がある。それは会党自身があまりにも叛服《はんぷく》常ないことだ。彼らは〝秘密〟を抱えた集団であるいっぽう、定見は何も持っていないという、非常に困った存在なのである。

秘密結社の本質は、虚構の「家」という相互扶助的ネットワーク自体にあり、もともよりいかなる特定の〈階級〉とも〈政治目的〉とも本来無縁である。したがってそのネットワークの構成員が、主として軍閥、資本家、地主等によって占められていけば、あたかもその秘密結社自体が彼らの目的、利益を代弁するかの如き外貌を見せはじめるのも一面では当然の結果なのである。

山田賢『中国の秘密結社』

『中国の秘密結社』を執筆した山田賢は、会党系の秘密結社の正体を「空虚な器」であると喝破している。

すなわち、秘密結社の構成員たちは他人を畏怖させるために内部の情報を隠し、謎の儀式をおこなったり仲間同士の結束を誇ったりしているものの、実際は思わせぶりなだけで〝秘密〟の具体的な内容は何もないに等しい（さもなければ、組織の加入儀礼をYouTubeで全世界に配信したりするわ

図３　中華安清総会総顧問を名乗る蔡江濤。堅気の商売人には決して見えない人物だが……

けがないのだ）。

だが、中心が空っぽであるがゆえに、秘密結社はその構成員の顔ぶれや現実的な利害関係によっては、打倒清朝を唱える孫文の革命思想にも、土匪や軍閥やマフィアの論理にも、蔣介石の反共主義にも汪兆銘政権の対日協力路線にも容易に染まる。果ては近年の青幇や洪門（次章参照）のように、中国共産党の統一戦線工作にも平気で組み込まれる。

会党のいい加減な素顔は、弱みであるいっぽうで強みでもある。洪門や青幇が形を変えつつも現代まで各地で残り続けているのは、注がれる器に従い形を自在に変えるその性質こそが理由であるに違いない。

日中戦争の終結後、現代に至るまでの洪門たちの千差万別の姿については、章をあらためて述べることにしよう。

コラム① 現代中国のフードデリバリー秘密結社

スマートフォンのアプリでレストランの食事をオーダーし、自宅に届けてもらうフードデリバリーサービスは、新型コロナウイルスの流行後に日本でもすっかり定着した。だが、このサービスは数年前から中国で先行して普及していた。

最大手は黄色い制服でIT大手テンセント系のサービスである「美団外売《メイトゥアンワイマイ》」（美団）で、二番手は青い制服でアリババ系の「餓了麼蜂鳥《オーラマフォンニャオ》」（餓了麼）である。少し前までは、バイドゥ系の「百度外売《バイドゥワイマイ》」、さらに「到家美食会《ダオジャーメイシィフィ》」といった他の業者も存在したが、現在は美団と餓了麼がシェアの九五％近くを占めるに至った（百度外売は餓了麼に買収され、現在は「餓了麼星選《オーラマシンシュエン》」というブランド名になったが、存在感は薄い）。

二〇二〇年九月現在、中国のフードデリバリー業界の市場規模は三〇〇〇億元

（約四兆七五〇〇億円）をうかがう勢いで、四・七七億人のユーザーが利用している。各社のデリバリー電動バイクが、スラムの最深部に至るまであらゆる路地を走り回る様子は、いまや食事どきの中国都市部ではお馴染みの光景だ。

いっぽう、大量の雇用も生まれた。二〇二〇年六月三十日現在、この業界の配達員数は美団が約二九二・五万人、餓了麼が約三〇〇〇万人に達している。

彼らは「外売小哥《ワイマイシャオガー》」（デリバリー兄ちゃん）と呼ばれているが、近年は「外売騎《ワイマイチィ》士《シー》」（デリバリー・ナイト）というカッコいい呼称も登場した。もちろん配達員自身は、揃いの制服をまとって電動バイクを駆る自分たちを「騎士」と自称したがっている。

アスファルトにタイヤを切りつけながら中華人民共和国の都市部の暗闇を走り抜ける、約六〇〇〇万人のワイルドな「騎士」たち。彼らは多くが低所得層の出身であり、学歴もそう高くない人たちが多い。

すなわち、一〇〇年前に青幇に加わった長江の水運労働者や、洪門に加入した北米チャイナタウンの出稼ぎ労働者たちと社会階層において大きく違わない、自分の肉体ひとつが頼りの寄る辺なき民たちである。

それゆえに、中国の配達員関連の報道を調べると、スマホを介した二十一世紀型スマートサービスのワーカーの話にもかかわらず、中華民国の時代もかくやという大時代的な事件を数多く見つけることができる。

「騎士」は仲間を呼び集める

数年前までよく見られたのが、「騎士」たちの集団同士の抗争事件や、住居敷地への立ち入りなどをめぐって起きるマンションのガードマン部隊との戦闘だった。たとえば二〇一七年七月二十七日夜、四川省成都《せいと》市温江《ウェンジャン》区で美団外売の配達員一〇〇人あまりと住宅街のガードマン十数人が、それぞれ凶器を持って抗争を起こしている。以下、地元警察当局の微博《ウェイボォ》（中国版Twitter）や現地報道をもとに、箇条書き形式で事態の推移を説明していこう。

1　同日午後八時ごろ、美団外売の配達員・伍《ウゥ》某がある小区《シャオチュイー》（住宅街）に配達に来た際に、入口ゲートで身分証の登記などの必要な手続きをおこなわなかったため、小区側のガードマンと口論。やがて苛立ったガードマンが鉄パイプで伍某を殴打した。

2　伍某の上司である雍《ヨン》某が現場に駆けつけて仲裁に乗り出す。だが、この雍某も血の気が多い人物だったらしく、ガードマン側と突き飛ばし合いや殴り合いに発展、騒ぎはむしろエスカレートしてしまう。

3　劣勢になった雍某は、微信《ウェイシン》（中国で普及しているチャットソフト）のグループ機能を使って近隣の配達員を招集。仲間を救援するために業務を放り出した配達員たちが一〇〇人以上も現場に集合する。

4　お互いに鉄パイプ・棍棒・刃物などの武器を手にした美団外売配達員とガードマンによる集団抗争が発生。途中、なぜか入れ墨の入った強面《こわもて》の男たちも配達員側に加勢にやってきて武器を振り回し大暴れする。

5　数に勝る配達員側がガードマンを取り囲み徹底的に殴打する。

結果、ガードマン七人と配達員一人が負傷して病院に運ばれ、五人が聚衆闘殴罪（仲間を集めて暴動を起こした罪）で逮捕された。暴動の規模がいきなり拡大したため、警察側はほとんど手を出せない状態だったという。

七月三十日、美団外売の微博公式アカウントは事件を受けて「社会に良くない影響をあたえた」ことを謝罪し、配達を請け負う人材への監督強化と各地のガードマンとの円滑なコミュニケーションの強化を約束するという声明を発表。スマートなIT企業らしからぬ、泥臭い事件への対応に追われることとなった。

美団外売vs.餓了麼の肉体抗争

大手二社である美団外売と餓了麼の配達員同士の抗争も多かった。彼らはそれぞれの制服の色から、美団外売が「黄衣《ホアンイー》」、餓了麼が「藍衣《ランイー》」とも呼ばれる。以下に抗争の実例を紹介していこう。

【二〇一四年九月二十五日】「黄衣」の董小平《ドンシャオピン》が重慶市内の四川美術学院にデリバリーに向かったところ、これといった理由もなく「藍衣」二人から襲撃されて負傷した。同年七月七日に同市内で、黄衣が三〇人を集めて藍衣三人を暴行する事件があったため、その報復ではないかとみられた。

【二〇一六年七月十五日】北京のサイバーシティ・中関村《ヂョングアンツン》の路上で、藍衣の配達員が路上に停めてあった黄衣の電動バイクに衝突したことで言い争いが発生。やがて現場から立ち去ろうとした藍衣のバイクに黄衣配達員が貼りついて止めようとしたことで、コントロールを失ったバイクがガードレールに激突、双方が路上に投げ出されいっそう険悪な雰囲気となった。

事件はちょうど昼食時に発生。周囲には黄衣・藍衣双方の配達員が大勢おり、仲間の危機を見て取ったのか次々と現場に集結した。数十人が対峙して一触即発の事態となったが、さすがに首都の北京であるだけに警官の介入があり事なきを得た。

【二〇一七年七月十四日】午後四時ごろ、湖北省武漢《ぶかん》市の漢口《ハンコウ》駅前で黄衣の劉《リュウ》某と藍衣の史《シィ》某が電動バイクの停車位置をめぐり殴り合いとなる。やがて仲間六人を呼び集めた藍衣側が、黄衣の劉某ほか一人を集団で暴行して軽傷を与えた。

【二〇一七年七月二十八日】午後七時ごろ、同じく武漢市内で黄衣の呉《ウゥ》某と藍衣の肖《シャオ》某が配達品の取り違えをめぐりトラブルになり、間もなく互いに仲間を呼び集めたことで、黄衣と藍衣の合計四〇人あまりによる集団抗争が発生。双方合わせて六人の怪我人が出た。

黄衣と藍衣の衝突は二〇一七年がピークで、近年は配達員が仕事に慣れたことや、シェア争いが一段落したためか、ここまで激しい争いはあまり起きていない。

ただ、二〇二〇年八月四日には山東省《さんとう》青島《チンタオ》市で、藍衣の配達員が路上で死亡。現地報道によれば、どうやら黄衣の配達員とトラブルがあり、突き飛ばされた藍衣側の打ちどころが悪く死亡したとみられている。

このときは集団抗争にこそ発展しなかったが、配達員たちの間に、企業同士のライバル関係をさも自分たちの結社組織の抗争であるかのように考える発想が生じているのかもしれない。

デリバリー騎士たちの「江湖」世界

中国のフードデリバリー業界は、いまや美団外売と餓了麼がほぼすべてのシェアを握った。配達員が他社に移籍する心配が減ったことで、近年進んでいるのが、会社側が配達員に厳しいノルマを与えて締め上げる現象だ。

近年、配達員たちの間では「デリバリーは死神とのレースだ。交通警察とやり合い、赤信号を友とせねばならない」といったジョークも囁《ささや》かれている。会社から求められる配達所要時間はどんどん短くなり、「違反」した場合は罰金が科される。ゆえに、ときには違法スレスレの運転さえ必要となる。

不安定な立場に置かれたフードデリバリーの配達員たちが、団結して相互扶助的な結社を作りはじめた事例も報告されている。たとえば二〇二〇年十月十三日付の中国のウェブマガジン『虎嗅《フウシュウ》』では、陳国江《チェングォジャン》という餓了麼系の「騎士連盟《チィシーリエンモン》」の盟主の存在が報じられた。

記事によれば、北京の「外売騎士」の世界において、配達員たちが交通事故や契約・法律トラブル、住居賃貸や車両購入といったさまざまな問題に直面したときは、「盟主《モンヂュウ》」である陳国江に頼りなんとかしてもらうのだという。陳国江が担っているのは、配達員と雇用元企業や現地官憲との矛盾を調整し、配達員側の利益を守る顔役的な役割だ（陳国江自身は配達員の電動バイク向けのバッテリー貸し出し業を営んでおり、加えておそらく口利きの謝礼を得ることなどで生計を立てているとみられる）。

陳国江は微信における配達員たちの交流グループ一一個の管理人で、数千人の「騎士」たちの「盟主」をもって任じている。記事によると彼は二十代後半のベビーフェイスの男で、一一年前に北京に出てきて出前（スマホを用いたフードデリバリーではなく一般食堂の出前スタッフである）で身を立て、やがて離婚や起業の失敗を経てから「盟主」の立場になったそうである。

図４　「盟主」の旗。「騎士連盟」の構成員たちが陳国江に贈ったものだという

また、オンラインニュース『捜狐《ソウフゥ》』に二〇二〇年十月二十二日付で掲載されたコラムでも、熊焔《ションイエン》という「盟主」が紹介されている。彼も一一の騎士連盟グループのリーダーだとされ、地域や年齢もほぼ一致するので、おそらく陳国江と同一人物だ。

こちらの記事によれば、「盟主」熊焔の最終学歴は小学校卒業。十七歳で北京に出てきて工場のガードマンなどの職を経験してから、開業許可証を受けずに小規模店舗を開業したものの二〇一八年に負債を抱えて倒産、フードデリバリー配達員になった。やがて微信のグループを立ち上げて仲間の面倒をみているうち、「盟主」となったという。

欧米や日本のような西側諸国であれば、労働者の権利保護や支援は、労働組合やNPOといった民間の中間団体がこれを担う。だが、現代の中国（特に習近平政権下）では、中国共産党のコントロール下にない近代的な中間団体は迫害されがちだ。ゆえに、往年の秘密結社の大佬《ダーラオ》（頭目）を思わせる、伝統的な相互扶助組織のリーダーめいた人物が台頭する余地が、かえって生まれているとも言えるだろう。

陳国江や熊焰を報じた記事では、いずれも「外売江湖《ワイマイジャンフウ》」といった中国語表現が使われている。江湖は往年の秘密結社の母体となった、寄る辺なきあらくれ男たちの社会を示す言葉だ。記事を書いた記者たちも、当世の「騎士」たちの姿から、清朝末期や中華民国時代の労働者と通じる気風を嗅《か》ぎ取ったのかもしれない。

第二章

現代中国の洪門「中国致公党」

チャン・ツィイーも入党した統戦工作機関

――中国は中国共産党による一党独裁国家である。

これは日本でしばしば語られる「常識」だが、実は半分までは正しいが残りの半分は間違っている。なぜなら、中国で執政党《ヂーヂェンダン》として権力を握るのは中国共産党ただ一党だが、実は他にも「民主党派《ミンヂュウダンパイ》」と称される八つの小政党が合法的に存在を認められているからだ。中国政府の公式見解としては、この民主党派たちは野党ではなく「長期共存し、相互に監督し、肝胆を相照らし、栄辱を共にする」参政党《ツァンヂェンダン》だとされる。日本人が理解しやすい概念に無理に置き換えるなら、一種の閣外協力政党のような存在である。

彼らはいずれも中華人民共和国の建国以前から存在し、現在も中国国内に組織が残っている。その理由は、かつて中国共産党が国民党政権を相手に戦った際に、当時存在した多数の中間党派を仲間に引き入れて統一戦線を構築したためだ。一九四九年に中華人民共和国が建国された当初、中国共産党は毛沢東《もうたくとう》の新民主主義論にもとづいて、ソ連のようなプロレタリア独裁を控え、他の民主党派と連合政府を作って国家を運営する方針を打ち出していた。

民主党派は、こうした建国前後の時期に中国共産党が採用した穏健路線の名残《なごり》なのである（ゆえに民主党派には、孫文未亡人の宋慶齢《そうけいれい》が名誉主席を務めた国民党内の改革勢力「中国国民党革命委員会《ヂョングォグォミンダンガァミンウェイユエンフィ》」（民革《ミンガァ》）をはじめ、国共両党が鍔迫《つばぜ》り合いをしていた時期の有力な中間派「中国民主同盟《ヂョングォミンヂュウトンモン》」（民盟《ミンモン》）、台湾人の親共産党グループ「台湾民主自治同盟《タイワンミンヂュウヅーヂートンモン》」（台《タイ》盟《モン》）など、当時の政治状況を反映するような政党が多い）。

もっとも、毛沢東はわずか数年で新民主主義路線を捨て、急速な社会主義改造に突き進んだ。結果、当初はかなり自由な政治活動や政策提言をおこなっていた民主党派も、一九五七年の反右派闘争を受けて動きを封じられ、さらに文化大革命で完全に無力化した。文革後に組織は復活したものの、もはや独立性を失い、中国共産党の翼賛勢力にすぎない存在となっている。

現在、中国の庶民が民主党派の存在を感じる機会は「両会《リャンフィ》」（全国人民代表大会と中国人民政治協商会議）の報道くらいだ。ただ、ニュースを真面目に見ない人も多いため、自国に中国共産党以外の政党が存在することを知らない中国人も相当数にのぼる。

洪門を吸収した中国共産党

本章で詳しく述べる中国致公党も、そうした民主党派のひとつである。

第一章で述べたように、彼らは伝統中国の秘密結社・洪門《ホンメン》の一派が政党化し、紆余曲折を経た末に中国共産党に協力して民主党派として生き残ったという相当な変わり種だ。

中国政府系の媒体『北京週報《ベイジンヂョウバオ》』日本語版が二〇一二年の第一八回中国共産党大会の際に配信した紹介記事では、致公党は以下のように説明されている。

中国致公党　華僑の社会団体であるアメリカ致公総堂の発起で、1925年10月アメリカのサンフランシスコで発足し、主に帰国華僑とその親族の中・上層の人々からなっている。現在、全国に省クラス組織が18、中央直属組織が1つあり、市クラス組織が129、党員数は3万人以上。現任の主席は万鋼氏。

対して致公党側の中国共産党に対する姿勢はどうか。公式ホームページ（http://www.zg.org.cn）に掲載された「中国致公党章程」（二〇一七年十二月五日改定）の総綱では、みずからの立場をこのように説明している。

中国致公党の政治綱領とは、マルクス・レーニン主義、毛沢東思想、鄧小平理論、〝三つの代表〟重要思想、科学的発展観、習近平新時代の中国の特色ある社会主義思想を指導原理とすることを堅持し、中国共産党による指導を堅持し、習近平同志を指導の核心的地位とすることを擁護し、中国の特色ある社会主義の基本的理論・基本的路線・基本的方策を堅持し、「長期共存し、相互に監督し、肝胆を相照らし、栄辱を共にする」基本的方針を堅持し、一体性と多様性が互いに揃うことを堅持し、のびやかで穏健かつ団結していて調和の取れた政治環境を保ち、「公の為に力を致し、華僑として国に報じる」考えを堅持し、参政党としての役割を適切に果たし、最大公約数を見つけ出して最大の同心円を描くことである。中国の特色ある社会主義の偉大なる旗幟《きし》を掲げ（略）中華民族の偉大なる復興による中国の夢の実現のために共に戦う。

完全に「党八股《ダンバーグゥ》」（中国共産党の政治的文書によく見られる空疎な形式ばった筆法）で書かれており、もはや独立した政党の綱領とは思えない内容だ。事実、名目上は他の政党の指導者である習近平を「習近平同志」と呼ぶほど、致公党は共産党に取り込まれている。というより、いまやほとんど共産党の外郭団体と化している。

事実、致公党の前主席で北京大学の副校長だった羅豪才《ルオハオツァイ》は、なんと中国共産党の党籍を致公党籍と同時に保持する二重党籍者だった。また致公党の過去の幹部も二重党籍の人物がかなり多い（なお、こうした共産党寄りの綱領や党首の二重党籍は他の民主党派でもしばしば見られる）。

見方を変えれば、中国共産党は秘密結社・洪門を政権内に取り込み、建国以来七〇年以上も国家を運営してきたという驚くべき側面を持っているとも言えよう。

秘密結社が「チャン・ツィイーの党」に

近年の致公党は、民主党派のなかでも比較的目立つ存在だ。

二〇〇七年四月には、党の中央副主席（現在は主席）で同済大学の学長だった万鋼《ワンガン》が国務院科学技術部部長に就任した（～二〇一八年三月）。中国における「部長」は日本でいう大臣に相当する。中国で共産党員以外の人物が部長職に就くのは三五年ぶりの出来事で、当時は国外の中国ウォッチャーの間で椿事《ちんじ》として話題になった。ちなみに万鋼は上海生まれの文化大革命世代で、一九八五年にドイツに留学してアウディで一〇年間働いた後に帰国した実力派のエンジニアだ。

また、致公党は著名人や有名企業に所属する党員が多いという特徴もある。たとえば女性歌手の大御所である朱明瑛《ヂューミンイン》や、中国映画界からハリウッドに進出して『バイオハザードＶ　リトリビューション』や『トランスフォーマー　ロストエイジ』にも出演した美人女優のリー・ビンビン（李冰冰《リィビンビン》）、積み上げた札束を農民に配るなどの派手なパフォーマンスで知られた富豪慈善家の陳光標《チェングアンビアオ》、若手イケメン映画俳優の程韋然《チェンウェイラン》などが致公党の党籍を持っている。

いっぽうでビジネス界では、中国ナンバーワンのＩＴ企業アリババ（阿里巴巴《アーリィバーバー》）グループ副総裁の胡臣杰《フウチェンジェ》が致公党の上位幹部である中央委員を務め、さらに党中央留学人員委員会副主任という役職に就いている。また、同じくＩＴ大手のネットイース（網《ワン》易《イー》）や、北京大学系のＩＴ企業北大方正《ベイダーファンヂェン》などのハイテク企業内にも党員の存在が確認されている。

なにより日本人にとってインパクトが大きいのは、チャン・ツィイー（章子怡《ヂャンヅゥイー》）が致公党の党員であることだろう。映画『初恋のきた道』や『ＳＡＹＵＲＩ』の主演、花王

図５　致公党の党大会にチャン・ツィイーが出席したことを伝える人民政治協商会議の公式ホームページ

「アジエンス」のCM出演によって、中国に関心がない人にも広く名前と顔を知られているアジア有数の大女優である。

チャン・ツィイーとリー・ビンビンは二〇一二年十二月四日に北京で開かれた致公党第一四回大会の場に突如姿をあらわし、中国国内で大きな話題になった。それまでチャンらの致公党入党を伝えた国内報道はほとんどなく、この一件は多くの中国人を驚かせた。

（二〇一一年六月四日、ニュージーランド中国和平統一促進会が開催した宴席の場で、現地を訪問中の致公党中央副主席・王欽敏《ワンシンミン》が「最近、チャン・ツィイーとリー・ビンビンが入党した」と明かしたとする現地華字メディアの記事があるので、彼女らの入党は二〇一〇年～二〇一一年前半ごろだと推測される。）

致公党第一四回大会が開かれたのは胡錦濤政権時代の最末期で、中国の言論環境がかなり自由な時期だったこともあって、ネット上には「致公党にどうやって入ったんだろう」「チャン・ツィイーは洪門だったのか（笑）」「そもそも致公党って何？」といった口さがないコメントが大量に書き込まれた。大会に参加した致公党員たちも、世界的な美人女優がいつの間にか自分たちの同志になっていたことに驚いたらしく、党大会の休憩時間に彼女と記念写真を撮りたがる人たちが列をなしたという。

前近代の会党だった洪門は、いかなる経緯で中国共産党の体制に組み込まれ、「チャン・ツィイーの党」になったのか。彼らは現在、中国の体制内においていかなる役割を担う存在なのか。

以下、歴史的経緯を追いつつ整理していきたい。

白鬚の怪老・司徒美堂

中華人民共和国の建国式典が開かれた一九四九年十月一日、かつてアメリカの洪門団体・致公堂《ヂーゴンタン》の指導者だった七十代なかばの老人が、毛沢東とともに天安門の楼上に立っていたことはあまり知られていない。彼こそ、中国致公党の党史で「創始者（の一人)」に位置付けられ、党関連の文献では常に最初に名が紹介される司《スー》徒美堂《トゥメイタン》であった。

現在残る最晩年の写真を見ると、この司徒美堂は禿げ上がった額に白《はく》髯《ぜん》を蓄えた、いかにも秘密結社の頭目然とした外見の老人であり、モダンな科学的社会主義を掲げていた当時の中国共産党との取り合わせはなんともミスマッチだ。

人民日报图文数据库（1946-2020）

司徒美堂：心系祖国 支援抗战（为了民族复兴·英雄烈士谱）

《人民日报》（2019年08月13日　14 版）

図6　晩年の司徒美堂の顔写真。只者ではなさそうな雰囲気の人物だ

司徒美堂は、孫文誕生の二年後の一八六八年、広東省開平《カイピン》県赤崁《チーカン》の貧しい農村で生まれている。一八八二年に十四歳で渡米してサンフランシスコのチャイナタウンの飲食店の従業員になり、間もなく洪門（致公堂）に加入。若いころは血の気が多く、店で食い逃げをした白人のチンピラを殴り殺して逮捕されたことすらあった（なお、このときは絞首刑になりかけたが、洪門の仲間がカンパを集めたことで懲役一〇ヵ月に減刑された）。

侠気と腕っ節《ぶし》を併せ持った彼はやがて人望を集め、一八九四年には東部のボストンで致公堂の下部組織である安良堂《アンリャンタン》を設立して、大佬《ダーラオ》（親分）に就任。当時、北米の華人社会では秘密結社同士の堂闘《タンドウ》（武力抗争、械闘）が繰り返されていたが、安良堂はなかでも強力な勢力として知られ、特に東海岸の華人社会で勢力を伸ばしていった。

やがて一九〇四年、西海岸の華人社会を束ねるサンフランシスコ致公総堂の大佬だった黄三徳《こうさんとく》が、洪門の大哥《ダーガー》（兄貴）である孫文を連れてボストンにやってきた際、司徒美堂は孫文のボディーガードと料理人を務めた。ここで孫文から政治的な薫陶を受けた司徒美堂は翌年、ニューヨークに安良総堂《アンリャンゾンタン》を設立。安良総堂は北米から中南米各国の華人およそ二万人を構成員に組み込む巨大組織に成長し、多数のビルを所有したほか、各地に華人の子弟向けの学校を設立するなど慈善活動も盛んにおこなった。

司徒美堂は一九〇九年にも訪米した孫文をニューヨークの自宅に泊めている。また一九一一年四月に広州蜂起が失敗した際には、カナダに所有するビル三棟を抵当に入れて、孫文に資金を融通するなど革命に協力し続けた。

もっとも辛亥革命の成功後、洪門が独自の政党を設立して母国の政治に参加することを求めた黄三徳に対して孫文は冷淡な姿勢を取り、アメリカの洪門勢力と孫文一派の関係は急速に悪化していく（第一章参照）。特に孫文と黄三徳の齟齬《そご》は、革命前のカンパ集めやスケジュール調整などの細かい部分を通じて長年にわたり蓄積したものであり、政党不承認問題は関係が険悪化する最後の一撃となったらしい。

しかし、アメリカ洪門はその後も独自の政党結成を諦《あきら》めず、やがて一九二五年に孫文たちを無視して、サンフランシスコで「中国致公党」の結党を宣言する。ここで初代党首に担ぎ出されたのは、当時は落ち目だった大物政治家・陳炯明《ちんけいめい》だった。陳炯明はかつて革命派軍閥の領袖だったが、一九二二年に孫文に反乱を起こして失敗、香港に逃亡しており、洪門とは「アンチ孫文」の点で利害関係が一致していたのである。

一九三一年、陳炯明は香港で第二会党大会を開き、致公党の中央党部を設立。孫文の三民主義に対抗して「三建主義」（建国・建アジア・建世）なる主張を掲げ、反共と中国の連邦制（聯省自治）の実現を訴えた。司徒美堂もこの党大会にアメリカ東海岸の洪門致公堂のリーダーの立場で参加し、党中央委員とアメリカ総支部主席に就任している。

もっとも、この陳炯明の致公党は全世界の党員数「四〇万人」を公称したものの、実際は洪門の構成員を一致団結させることなど到底できなかった。間もなく陳炯明が死ぬと党活動は低調になり、彼の部下だった陳其尤《チェンチィヨウ》や陳寅生《チェンインション》がしばらく党務を継続したが、一九四一年に香港が日本軍の攻撃で陥落すると完全に活動を停止してしまった。

国共内戦の勝ち馬に乗る

いっぽう、司徒美堂が政治的に輝きを見せるのは一九三〇年代からである。

日本の中国侵略が始まると、アメリカ洪門は辛亥革命の前夜と同じく各地の華人による献金支援組織（籌餉局《ちゅうしょう》）を組織し、抗日救国募金を集めて本国に送金したのだ。司徒美堂はニューヨーク華人の献金組織のトップにみずから就任している。

このときアメリカの洪門が取りまとめた募金の総額は、日中戦争の八年間を通じて一四〇〇万ドル（現代の貨幣価値では約二億ドル）に達したとされる。アメリカ洪門と国民党の関係は、孫文の死後も相変わらずぎくしゃくしていたが、大日本帝国の侵略に抵抗する祖国の総力戦を、洪門をはじめとした在米華人社会が資金面で強力にバックアップしたことは確かである。

ただし、ここで司徒美堂が抜け目なかったのは、こっそりと共産党系の八路軍や新四軍にも資金を送り続けていたことだった（なお、各地の洪門の政治的立場はさまざまで、親国民党の勢力も、日本軍や汪兆銘政権に近い勢力もいたほか、マレーシア洪門の官文森《グアンウェンセン》一派やフィリピン洪門の許志猛《シュイヂーモン》一派のように積極的に中国共産党に協力して抗日運動をおこなった勢力もあった。司徒美堂自身、一九四一年の香港訪問時に日本側から親日洪門組織の取りまとめを依頼されたが拒絶し、国民政府の臨時首都である重慶に脱出している)。

対して国民党側は、アメリカの洪門勢力が叛服常ないことは承知しつつも、その集金力と海外華人社会への影響力を無視できず、一種の招撫《しょうぶ》政策を取る。すなわち、国民党は司徒美堂に国民参政会参政員のポストを与えたり、洪門の悲願であった政党結成を公認したりと、名誉欲を満足させることで彼らをつなぎとめようとしたのだった。

――その後、大戦末期から戦後にかけて洪門と司徒美堂の動きはいっそうややこしい。

まず洪門の政治勢力は、司徒美堂や趙昱《ヂャオユィ》が一九四五年ごろに結成した親国民党の「中国洪門致公党《ヂョングオホンメンヂーゴンダン》」と、旧致公党(陳烱明の致公党)関係者である陳其尤や陳寅生・黄鼎臣《ホアンディンチェン》らが一九四六年に結成した親共産党の「中国致公党」に大きく分かれた(さらに上海で作られた国民党の外郭団体である洪興協会《ホンシンシェフィ》や洪門民治建国会《ホンメンミンヂージエングオフィ》などのミニ政治団体、国民党系組織で後に香港マフィア14Kの母体になった洪門忠義会など、他にもさまざまなグループがあった)。

司徒美堂が参加した「中国洪門致公党」は、一九四六年に上海で世界会議（五洲洪門懇親大会）を開いて「中国洪門民治党《チョングォホンメンミンヂーダン》」への改名を決めるも、党内はアメリカ東海岸派の司徒美堂と南洋派の趙昱に分裂。ほどなく、国民党特務機関（中統）による党支配に不快感を持った司徒美堂は、一九四七年九月六日に脱党を宣言する。

いっぽう、香港で活動していた陳其尤たちの「中国致公党」は、幹部層に複数の中国共産党の地下党員が混じっていたこともあって、毛沢東の新民主主義を積極的に受け入れた。彼らは一九四八年春、共産党がメーデーに合わせて発表した、蔣介石政権打倒と民主連合政府の樹立を訴える五・一スローガンに賛同。本来はさしたる政治主張を持っていたとは思えない洪門の一派が、国共対立のなかで上手に立ち回ったことで、いつの間にか統一戦線の一角を担う民主党派に変身することになる。

やがて一九四八年十月、こうした形勢を見た司徒美堂は「上毛主席致敬書《毛主席に敬意を表したてまつる書》」を中国共産党に送って蔣介石の独裁を強く批判し、新政権下で新たに開かれる政治協商会議への参加を申し入れた。対して共産党側も、国内外で「愛国僑領《アイグォチャオリン》」（愛国的華僑指導者）として名が知られている彼を仲間に加えることは得策であると判断したらしく、陳其尤の中国致公党に受け入れを指示する。

結果、中華人民共和国建国の一ヵ月前に司徒美堂は北京に到着。すでに八十一歳となっていた彼は、滑り込みセーフで国共内戦の勝ち馬に乗ることに成功し、華僑の代表的指導者という名目で天安門の壇上から新国家の樹立を迎えることになった。

建国前夜の司徒美堂については、一九四九年九月に周恩来《しゅうおんらい》が中華人民共和国の略称を「中華民国」とする案の可否を諮った際に、蔣介石への嫌悪感から強く反対意見を述べてそれが採用された——、というエピソードも伝わる。

中国本土に居を移してからの司徒美堂は老いてなお盛んで、二十代前半の広東人の女性（張潔鳳《チャンジェフォン》）を後妻に迎えて全人代や政治協商会議の委員を務めた後、一九五五年に北京で八十七歳の大往生を遂げた。

文化大革命で功労者が迫害死

中華人民共和国の建国期、致公党はかなり個性的な役割を果たしている。

たとえば、国民党が臨時首都を置いて支配していた広州《こうしゅう》市（広東省）が一九四九年十月に「解放」された際には、致公党は洪門としての顔を表に出し、現地の会党や匪賊の説得に大きな功績を挙げた。当時、国民党は奥地への撤退にあたり広東省の工場や運輸・鉄道インフラの破壊を計画していたが、これらの現場の労働者には洪門の構成員が多数混じっていたため、致公党から因果を含められて破壊を見合わせたのだ。特に深圳《しんせん》東駅の防衛と、広州の国民党政権中央銀行の略奪防止は致公党の活躍が大きかった。

また、致公党はその後も数年間、華僑に向けて中国公債の購入や新中国建設のための帰国奨励の呼びかけをおこなったり、中国共産党に対して僑郷《チャオシャン》（華僑の故郷）への土地改革に一定の配慮を求めたりと、華僑の政党にふさわしい行動を取っている。

当時の致公党内では、中国共産党に対して民主党派としての独自性を保つことを求める声もあった。さらに一九五七年からは、海外華人社会との縁を活かして、当時の中国の対外貿易の唯一の窓口だった広州交易会への協力もおこなった。

もっとも、致公党のこうした個性はすぐに薄れていく。たとえば、一九五二年に開かれた第五会党大会で、中国共産党員で致公党員でもあったマレー華僑の鄭天保《ヂェンティエンバオ》がはやくもこんな報告をおこなっているのだ。

本党は歴史のうえにおいて洪門と非常に深いルーツを同じくし、特別な関係を持っていることは事実であるが、彼らを代表するわけではない。この一点は明確にしておきたい。

本党は新民主主義政党であり、共同綱領（注：当時の中国の臨時憲法）をみずからの政治綱領とすることがすでに確定しており、民主的精神を発揮して大衆の路線を歩み、各種の政治と社会の改革運動に参加し、新中国の建設にあたって穏健に社会主義への道を歩むのであって、本党と洪門にはいずれの側にも根本的に異なる点が存すると言わねばならない。

『中国致公党簡史』中国致公出版社、二〇一〇年刊

洪門としての色を薄めた致公党は、間もなく党大会でマルクス・レーニン主義や毛沢東思想の学習を訴えるようになっていく。党の本部も、当初の香港から広州、そして北京と、どんどん海外華人の世界から中国国家のお膝元に近い場所へと移転していった。一九五六年には海外での党活動を停止し、完全に中国の国内政党に変わった。

だが、現代中国の歴史は残酷だ。やがて一九五七年に毛沢東が反右派闘争を発動すると、陳炯明時代から党運営に携わってきた指導者の陳其尤が「党内最大の右派分子」と

批判されて失脚してしまう。

さらに一九六六年の文化大革命では致公党の活動全体が禁止されたうえ、すでに高齢となっていた陳其尤や鄭天保が迫害死に追い込まれた。ほか、黄鼎臣・許志猛といった致公党の中堅幹部も軒並み吊し上げられ、さらに司徒美堂の未亡人だった張潔鳳は、再婚相手との間に生まれた四〜五歳の子どもの目の前で紅衛兵に殴り殺されている。

海外統一戦線工作を担う

文革後の一九七九年、致公党の党活動は再開されたが、他の民主党派と同じく独自の政党としての立場はほぼなくなった。特に致公党の場合、もともと党独自の確固たるイデオロギーを持っていないうえ、建国前から共産党との二重党籍者を幹部として受け入れていた経緯もあり、文字通り共産党の外郭団体に等しい存在になってしまった。

もっとも、〝外郭団体〟だからといって彼らの仕事がゼロだというわけではない。むしろ「中国致公党」という、外国人どころか同胞の中国人にとっても耳慣れない名前の組織ゆえに、中国共産党の名前を出すことなく中国政府に有利な活動をおこなえる強みがある。こうした致公党の立ち位置が最も活かされるのは、共産党の海外統戦《ハイワイトンヂャン》

（海外統一戦線工作）のチャンネル役を引き受けるときだ。

統一戦線とは本来、党外のリベラルな政治勢力とあえて共闘することで、右派のファシストや帝国主義者に対する革命や内戦の勝利を目指していく共産主義者の戦術を指す。スペイン内戦における反フランコ勢力の人民戦線などが有名だ。

ただ、現代中国における「統戦工作《トンヂャンゴンヅォ》」とは、まず対内的には民主党派や宗教団体・知識人・民間企業・新社会階層《シンシェーフイジェツァン》（民間企業の管理職やエンジニア、弁護士、各種フリーランサーなど改革開放経済下で台頭した現代的職業従事者）など共産党に包括されていない中国人を対象に、党への親近感や忠誠心を持たせる――、ひいては「中国共産党的」な世界観や思考フレームを定着させるための政治工作を指す。

いっぽう、対外的な統戦工作（海外統戦）は、国外の親中国的な勢力（たとえば在外華人や中国に関心を持つ外国人）に「交流」を働きかけて中国共産党的な認識を刷り込んだり、彼らに中国の国益に見合う言動をとるよう仕向けたり、もしくは海外の反中国運動を弱体化させたりする政治工作である。さらに香港・マカオや台湾を、漢字の意味通りに中国本土に「統一」していくための政治工作も統戦の大きな柱のひとつだ。

こうした統戦工作を主管するのは中国共産党の統一戦線工作部で、在外華人に対する働きかけ（僑務工作《チャオウーゴンヅォ》）も党統戦部の指導下にある。中国の代表的な僑務工作組織は五組織あり、「五僑《ウウチャオ》」と通称されている。すなわち、国務院僑務弁公室・全人代華僑委員会・全国政協港澳台僑委員会・中華全国帰国華僑聯合会、そして中国致公党だ。

中国共産党中央統一戦線工作部のホームページ（http://www.zytzb.gov.cn/）の「僑務工作」のページを見ると、関連リンク欄には中国外交部や国家移民管理局に加えて、「五僑」の各組織が並んでいる。つまり、民主党派のなかでは致公党だけが、党統戦部から公式に僑務工作の担当者として選ばれている立場ということだ。

中国共産党から見た致公党の存在意義は、僑務を中心とした党の統一戦線工作の役に立つという一点にこそある。なかでも重要なのが、現在もなお海外各地の華人社会に大量に存在している洪門組織に対する統戦工作だ。

洪門工作を評価した習仲勲

致公党は建国後も海外の洪門勢力と交流を持ってきたが、文革によって一度は完全に断絶した。だが、党活動が復活した一九八二年ごろから、アメリカ・カナダ・フィリピン・オーストラリア・ペルー・ミャンマーなどの洪門組織や構成員との接触を再開するようになった。

党史『中国致公党簡史』によると、一九七九年から八三年までに香港・マカオ・台湾や他国の華僑ら、個人や団体を一七〇回近くも接待したという。また一九八四年には黄鼎臣と許志猛が率いる海外訪問団がフィリピン・カナダ・アメリカと香港・マカオに出かけ、現地の華人の洪門組織や華人団体との交流をおこなった。

文革の影響で全中国が疲弊していたこの時期、在外華人や国外の洪門組織と接触できる致公党は、投資の呼び込みや僑郷への寄付集めをおこなえることで、従来とは違った形で注目されるようになった。やがて一九八五年に開かれた致公党成立六〇年記念式典では、中国共産党高官の習仲勲《しゅうちゅうくん》が以下のような演説をおこなっている。


致公党は海外の華僑同胞・洪門の人士と広範な関係を結んでおり、愛国統一戦線を発展させるうえで優れた条件を有している。私たちは致公党が中国国内での仕事をしっかりやることと同時に、海外の華僑同胞や洪門・台湾・香港・マカオ同胞との関係を引き続き発展させ、中華の振興と祖国の統一という千秋の大業のため新たに貢献してくれることを望んでいる。

『中国致公党簡史』

習仲勲は現在の国家主席である習近平の父親だ。息子とは違って党内のリベラル派として知られていた習仲勲は、致公党が改革開放時代の経済発展や海外統戦に役立つことを見抜いていたらしい。この演説はほかにも「洪門・台湾・香港・マカオ同胞」と、洪門を台湾や香港と同列の存在として扱っている点も興味深い。

華僑マネーを当てにした投資誘致は今世紀に入ると沈静化するが、逆にその後は中国の経済発展によって留学ブームや中国企業の海外投資奨励政策（走出去《ゾウチューチュイ》）が起き、さらに習近平政権の成立後は国際進出戦略である一帯一路《イーダイイールー》が提唱された──。

すなわち、中国人が海外に出る機会が増え、中国が政治・経済面で海外に影響を与える局面が増した。ゆえに中国共産党による海外統戦の重要性も、大幅に高まっていく。

秘密結社のマスク外交

結果、致公党による洪門外交も大きく拡大することになった。

たとえば致公党広東省委員会のホームページ（http://www.gdzgd.cn/szg/Index.shtml）

を見ると、二〇二〇年一月〜六月だけで左記のような海外洪門関係者との接触が確認できる。なお、二〇二〇年一月二十日以降は新型コロナウイルスが流行したため、各国の洪門との交流は（これでも）前年より減少している。

一月七日　**オーストラリア洪門致公総堂**中国語秘書林東《リンドン》が致公党広州市委員会を訪問。

一月十日　**カナダ中国洪門民治党ロンドン支部**主委の谷剣雲《グゥジエンユン》が致公党珠海《ヂューハイ》市委員会を訪問。

一月十五日　**アメリカ至孝篤親総公所**秘書長の陳建平《チェンジエンピン》、フィリピン中国洪門致公党総部副主席の林志謙《リンヂーチエン》、カナダ民治党の谷剣雲が、致公党広州市委員会を訪問。

一月十六日　コスタリカ駐中国大使デルガードによる広東省江門《ジャンメン》市訪問に同行した**コスタリカ洪門致公党**主席の呉裕群《ウゥユィチュン》、致公党江門市委員会主委の胡念芳《フゥニエンファン》と会見。

四月十三日　同日までに、広東省各地の致公党委員会が新型コロナに苦しむ海外六六の同胞団体にマスク合計四六万四四〇〇枚と薬品四〇〇〇箱を送る。うち、洪門関係団体であることが確認できるのは、致公党広東省委員会からマスク三万枚を贈られた**オーストラリア洪門致公総堂**、致公党広州市委員会からマスクを贈られた**アメリカ・フィラデルフィア洪門致公堂**、**カナダ全カナダ洪門民治党と同バンクーバー支部・ロンドン支部・カルガリー支部**、**中国洪門イギリス・マンチェスター支部**、致公党佛山《フォオシャン》市委員会からマスク計三万枚を贈られた**パナマ中国洪門致公党**と**コスタリカ洪門致公党**など。

六月十六日　台湾の**国際洪門中華総会**常務理事長の朱邦文《デューバンウェン》率いるビジネス視察団が広東省東莞《ドングアン》市を訪問、致公党東莞市委員会が接待。

※洪門の組織は太字にした。「主委」とは主任委員の略で、支部のリーダーのことである。また何度か登場する「ロンドン」は、カナダの地方都市の地名だ。

現在の致公党が洪門以来の儀礼を内部で残しているとは思えないが、海外の洪門組織との交流の際は「仁義の心」といった伝統的な要素が強調されることが少なくない。

洪門、カナダの反日ムーブメントを動かす

私が過去に取材したカナダ洪門をはじめ、いまや中国国内の致公党と積極的に交流している海外の洪門組織は、台湾の組織を含めて、ほぼすべて中国共産党を積極的に支持している。報道を観察する限り、近年になり中国政府の影響を特に強く受けているとみられるのは、北米・中南米とオセアニア、フィリピンなどの洪門組織だ。

たとえば、チベット・ウイグルの民族運動や台湾における泛緑陣営《ファンリュー》（台湾自立派）の政権獲得、対日歴史問題や尖閣問題、香港デモといった国際問題が持ち上がるたびに、各国では中国政府を支持する華人のデモがおこなわれたり、現地の華人団体が反対声明を出したりする。これらにしばしば協力しているのが現地の洪門である。

特に広東系の華人が多いカナダでは、香港出身の議員が国政や地方政治に進出し、選挙支援に洪門が食い込む例がいくつも見られる。こうした議員らが華人票をより多く獲得するため、「祖籍国」中国の愛国主義イデオロギーと合致した法案を提案するケースもある。

なかでも代表的なのが、香港生まれのカナダ連邦議員であるジェニー・クワン（関慧貞《グァンワイゼン》）だ。二〇一八年に南京大虐殺の記念日を国家レベルで制定することを求める動議を

カナダ議会に提出するなど、対日歴史問題に強硬な政治活動が目立つ華人の女性議員である。彼女はブリティッシュ・コロンビア州議時代の二〇〇四年四月に、カナダを訪問した中国致公党の当時の主席・羅豪才と会見しているほか、上記の南京記念日制定のための署名活動に先立ってバンクーバーやカルガリーのカナダ洪門組織を訪問するなど、洪門や致公党との関係が非常に近い。

（このあたりの話は拙著『もっとさいはての中国』に詳しい。もっともジェニーの政治活動は、別の香港系カナダ人が立ち上げた強硬な対日歴史問題の追及組織から直接的な影響を受けており、カナダ洪門は側面からサポートする立場だ。ただし彼女以外にも、洪門と接触がある複数の華人系の地方議員が各地で中国共産党を支持する政治活動をおこなっている。）

さておき、中国共産党の愛国主義イデオロギーが、統戦工作のカバー団体である致公党の「洪門外交」を通じてカナダ洪門に伝わり、それが華人のカナダ人議員の政策に反映され……、という玉突きゲームのような現象が、ある程度までは存在している。

致公党を通じて海外華人社会に浸透する中国共産党の統戦工作は、近年無視できない影響力を持ちつつあるのだ。

秘密結社が海外帰国組エリートの党へ

ところで、文革終結時はたった三〇〇人ほどにまで減っていた致公党の党員数は、二〇一九年十月時点で公称五万九一五三人にまで増えている。

党ホームページによると、二〇一七年四月時点で致公党に入党できる人物は「帰国華僑や華僑親族のうち中・上層の人物とその他海外と関係がある代表的人物、及びその他の方面で代表性を持つ中・高級の知識分子」で、かつ『中国致公党章程』を遵守できる者だ。入党には党員二人の紹介が必要で、一定の観察期間が設けられる。

入党の資格に「その他の方面で代表性を持つ中・高級の知識分子」が含まれるようになったのは、比較的最近のようだ。もっとも、わざわざハイクラスの知識人を入党資格者として文書に明記した理由は、現在の致公党第一五期（二〇一七年〜）の最高幹部九人の顔ぶれを見れば納得がいく。

すなわち、党中央主席の万鋼と中央常務副主席の蔣作君《ジャンヅォジュン》、さらに副主席七人は、全員が大学院レベルの学歴を持ち、七人が海外留学か海外研修の経験者である。しかも、本来は華僑の政党を標榜していた党にもかかわらず、なんと現在の致公党の最高幹部には国外生まれの華僑一世が一人もおらず（華僑親族は三人）、全員が一九五〇〜六〇年代に中国国内で生まれた人たちだ。いまや致公党は華僑よりも、海外帰国組（「海亀派《ハイグイパイ》」）のエリート学者やビジネスマンがより存在感を持つ組織になっている。

建党九〇年を迎えた二〇一五年、致公党には中国科学院や中国工程院に属する「両《リャン》院院士《ユエンユエンシー》」が七人、中国政府の海外高度人材呼び寄せ政策「千人計画《チエンレンジーホア》」に応じて帰国した中国人学者が一七人、中国最高レベルの学術奨励賞を受けた「長江学者《チャンジャンシュエヂェ》」が一八人、党員に含まれていると報じられた。近年、致公党は海外の洪門組織との交流活動の際には洪門のルーツを前面に出しているのだが、その他の場面では海亀派の知識人やビジネスマンの党としての顔を出すことのほうが多くなっている（余談ながら、致公党の幹部〔党中央委員〕であるアリババ副総裁の胡臣杰も、もとは千人計画に応じての帰国組――すなわち「海亀派」だ）。

現在の致公党が洋行帰りの体制内エリートの政党になっていることは、かつてチャイナタウンの皿洗いから成り上がった司徒美堂や、陳炯明軍閥の秘書だった陳其尤ら初期の党指導者たちが聞けば仰天しそうな話だが、こうなった理由は見当がつく。それはおそらく、中国共産党と致公党の「住み分け」だ。

中国共産党はもともと、労働者階級の前衛たることを掲げた階級政党だった。二〇〇一年に江沢民のもとで「三つの代表（三個代表《サンガダイビャオ》）」論が提唱され、「愛国的な」資本家や海亀派の入党が認められたものの、共産党は中国の執政政党であるだけに、加入が「めんどくさい」という欠点がある。つまり、入党前の「身体検査」に手間がかかるうえ、マルクス・レーニン主義や毛沢東思想、鄧小平理論（最近は習近平新時代中国特色社会主義思想も含まれる）といった無味乾燥なイデオロギーを大量に学習する必要がある。これらは、忙しい毎日を送るエリートにとっては不便である。

いっぽう、致公党なら「共産党に従う」以外に確固たるイデオロギーが存在しないため、入党希望者の事前の勉強は控えめで済む。また、仮に党員に不祥事が起きても中国共産党の名誉が傷付くわけではないので、入党前に厳密な「身体検査」の必要もない。

現在、中国人のハイレベルな人材はその多くが海外留学歴を持つか、家族や親戚が海外に滞在しているので、致公党の入党基準と適合しやすい。諸事情から中国共産党に入党させるのは大変だが、体制内にとどめ置きたい人材をプールするうえで、致公党は意外と役に立つ——。

と、以上は私の推測を交えた見立てなのだが、おそらく当たらずとも遠からずだろう。

日本の孔子学院にも党員がいる

致公党と日本との関係も書いておきたい。現代日本には統戦工作の対象になるほどの大規模な洪門組織が存在しないとみられるため、致公党の日本へのアプローチは「洪門外交」よりも、知識人の党や華僑の党としての顔が表に出ることが多い。

近年の例では、二〇一六年五月に中国致公党中央訪日代表団が来日して、中国学の名門校である愛知大学の国際中国学研究センターを訪問している（なお、同校で致公党員を接待した中国人教員に取材を申し込んだが、「致公党と交流した」事実は確認できたものの、詳しい取材は断られた）。

また二〇一八年九月には党中央副主席の閆《イエン》小培《シャオペイ》率いる代表団が来日し、九月八日に代々木公園で開かれた「チャイナフェスティバル２０１８」（駐日中国大使館など主催）に参加したほか、横浜華僑婦女総会・日本中華総商会・日本海南総商会・日本浙江総商会・日本北京同郷会・中日翻訳家協会などと交流している。さらに山東省・重慶市・広西チワン族自治区などの地方党支部レベルでも、日本の地方自治体への訪問や、在日華人の同郷会《トンシャンフィ》（第一章参照）メンバーの訪中受け入れなどをおこなっている。

第一五期の致公党の最高幹部には、千葉大学大学院に留学歴がある曹《ツァオ》小紅《シャオホン》や日本で半年間の研修歴がある曹鴻鳴《ツァオホンミン》など日本と縁がある人物もいるのだが、二〇二一年一月現在も日本に在住していることが明確に確認できる致公党員は、公開情報からは見つからない。

だが、たとえば二〇一一年四月～二〇一六年三月に京都大学大学院に留学して中国人留学生会の役員や新華社の記者を務めていた中国人男性が、二〇一五年九月に江蘇《こうそ》省致公党委員会の「海外連誼工作連絡員」に就任した例がある。つまり当時は少なくとも半年間、日本国内で致公党の連絡員が暮らしていたことになる。

また、興味深いのが致公党人脈と日本国内の孔子学院の関係だ。孔子学院は中国政府が全世界の約五五〇ヵ所（二〇一九年十二月現在）で展開している中国語や中国文化を普及するための教育機関で、多くは既存の大学などと提携して運営されている。米中関係が悪化した二〇一九年以降、アメリカや日本の国内で「中国のスパイ養成機関」などと非難を受けているため、名前を聞いたことがある読者も多いだろう。

孔子学院は二〇〇六年から日本に進出し、二〇二〇年現在は国内の一五大学で活動している。このうち、都内のO大学の孔子学院で副理事長（中国側パートナーであるため日本に常駐していない）を務めるC教授が致公党員だ。彼は致公党の第一三期・一四期の中央常務委員を務め、中央政府の全国政治協商会議委員（国会議員に相当）にも名を連ねたことがあるという相当の大物どころである。

C教授は一九八七年に日本に留学してから早稲田大学などで教鞭を執った後、二〇〇一年に帰国して上海の同済大学に勤務。二〇〇六年にO大学が同済大学と提携して孔子学院を開学する際に立ち上げに参加している（なお、本書の執筆にあたり「致公党について教えてほしい」と取材を申し込んだところ、党史の『中国致公党簡史』を紹介してくれたものの、取材自体は事実上断られた）。同済大学は致公党現主席の万鋼が学長を務めた大学で、このO大学や京都のR大学など、日本展開の最初期に孔子学院を開学した複数の大学と提携を結んでいる。

ほかにも、R大学孔子学院の名誉学院長で日本新華僑華人会会長などを務めたZ教授や、二〇〇六年に北海道のS大学の孔子学院の初代学院長に就任したZ教授（R大のZ教授とは別人）、同じくS大学孔子学院で現在の学院長となっているW教授などが、党籍の有無は不明ながら、致公党関連の交流活動や致公党幹部との会見などを積極的におこなっている。さらに致公党のプレスリリースを見ると、党の幹部がアメリカやペルー・スウェーデン・ポーランド・オーストリアなど各国を訪問するたびに現地の孔子学院を視察し、一定の人的関係を築いていることがわかる。

もっとも、孔子学院は中国教育部主管の国家漢語教育指導弁公室（国家漢弁）による運営で、中国共産党統一戦線部の系列組織である致公党とは系統が異なる。致公党が孔子学院を牛耳っている、とまで考えるのは早計に過ぎるだろう。

O大学などの孔子学院と致公党の関係は、もともと日中交流の現場で活動していた中国政府系の中国人教授のなかに致公党の党員や関係者が混じっており、そうした人たちが孔子学院の立ち上げにも協力した、といった図式かと思われる。

チャン・ツィイーの「援交」を手引きか？

最後に致公党についてのスキャンダルも紹介しておこう。

胡錦濤体制末期の中国を騒がせた大物政治家に薄熙来《ボーシィライ》という人物がいる。彼は建国の元勲の一人・薄一波《はくいっぱ》の息子で、甘いマスクと巧みな弁舌、パフォーマンス好みの政治手法によって中国共産党内の注目株として知られていたが、夫人の起こしたイギリス人実業家殺人事件とそれに関係した腹心の亡命未遂事件などを受け二〇一二年四月に失脚。翌年十月に本人の贈収賄事件ほかを理由として無期懲役刑が確定した。失脚直前、野心家の彼は周永康《チョウヨンカン》や徐才厚《シュイツァイホウ》（いずれも現在は失脚した高官）らと図り、軍や武装警察を動かして習近平を打倒するクーデターを計画していたとも言われている。

いっぽう、薄熙来は女性関係も派手であり、失脚後には彼の下半身のスキャンダルが盛んに報じられた。なかでも世界の注目を集めたのが、薄熙来が一時期、昵懇《じっこん》の仲にある政商の徐明《シュイミン》を通じて、トップ女優のチャン・ツィイーを愛人としてあてがわれていたという噂だ。

話題がやや下品になるので、ＡＦＰ通信の日本語記事を引用して概要をつかもう（なお、本件についてチャン・ツィイー側が複数の報道機関を訴えたところ、話の出どころであるアメリカの華字メディア『博訊網』には勝訴して謝罪を引き出し、また香港でも『蘋果日報』と『壹週刊』への損害賠償請求が認められたが、台湾ではチャン側が刑事・民事ともに敗訴する結果となった）。

【6月13日　ＡＦＰ】映画『グリーン・デスティニー（Crouching Tiger, Hidden Dragon）』などへの出演で知られる中国の女優、チャン・ツィイー（Zhang Ziyi、章子怡）さん（33）が11日、失脚した当局高官らを相手に売春を行っていたという「事

実無根の中傷報道」をされたとして、香港の主要中国語紙「蘋果日報（Apple Daily）」と姉妹週刊誌「壹週刊（Next Magazine）」に損害賠償を求める訴えを起こした。

蘋果日報は5月29日付の紙面で、チャン・ツィイーさんが金銭の支払いを受けて、3月に失脚した重慶（Chongqing）市共産党委員会書記の薄熙来（Bo Xilai）氏や同氏と関係の深かった富豪の徐明（Xu Ming）氏らと「数え切れないほど」の性的関係を持ったと報じ、チャン・ツィイーさんを「売春婦だ」と評した。

さらに同紙は、チャン・ツィイーさんが他の当局高官や富豪らと性的関係を持っていたと主張し、10年間に及ぶ不道徳な密通により7億人民元（約87億円）の財を築いたと報じた。

チャン・ツィイーさん側は訴状で「原告は公衆からの非難、憎悪、軽蔑、冷笑にさらされた。また原告のイメージも深刻かつ継続的に傷つけられており、現時点までに原告の職業とキャリアに損害がもたらされている上、今後も損害が及ぼされるだろう」と述べている。

蘋果日報はセレブのきわどいゴシップと、中国共産党当局への強力な批判姿勢で知られる新聞。同紙はＡＦＰの取材に応じなかった。問題の記事は、チャン・ツィイーさんが前月、訴訟する意向を示して以降、ウェブサイトから削除されている（略）。

『AFPBB News』「「有力者らとの売春」報道紙を提訴、中国女優チャン・ツィイーさん」２０１２年6月13日 13：44
https://www.afpbb.com/articles/-/2883717

中国共産党のプリンスだった薄熙来は、かつて大連市《だいれん》や遼寧省《りょうねい》に長く勤務し、同省に強固な地盤を持っていた。彼に食い込むことで成功したのが、右記の記事にも登場する富豪の徐明である。

徐明は薄熙来が大連市長に就任した一九九二年に立ち上げた会社でゼネコン事業を成功させ、やがて建築から銀行・不動産業を幅広く手掛ける実徳グループを作り上げた。二〇〇〇年からはプロサッカーチーム「大連実徳」のオーナーを務め、やがて二〇〇五年には三十四歳にして中国の十大富豪の第八位に登りつめた新興財閥の雄であった。

また、徐明は薄熙来の金主として活動しており、薄熙来一家に二一〇〇万人民元もの贈賄をおこなっていたほか、薄熙来の一人息子である薄瓜瓜《ボォグアグア》がアメリカのハーバード大学ケネディ・スクール（公共政策大学院）に進学した際の学費も援助していた。また、財力を活かしてチャン・ツィイーを「世話」した――、か否かはひとまず措《お》くとしても、徐明が薄熙来に多数の女性を紹介していたのは確かであるようだ。

そして、この徐明は、実は中国致公党の党員だったことが確認されている。彼は致公党の大連市委員会副主席を務め、薄熙来が失脚しなければ二〇一二年春に党中央副主席と全国政治協商会議常務委員への就任が有力視されていたという、致公党員としても大物と呼ぶべき立場にいた。

薄熙来事件当時、中国国内で体制批判派として知られた著名な記者が本人のTwitterで暴露した情報では、致公党の前主席である羅豪才の親族（シンガポール華人）がBMWの中国輸出を手掛け、徐明と友人関係にあったという。こうした縁が徐明と致公党を結びつけていたのだろう。ちなみに羅豪才は二〇一一年十一月、老身をおして当時の薄熙来の赴任地である重慶市を訪問し、共産党内でも賛否が分かれていた薄熙来の政治路線を強く支持している。薄熙来から徐明を通じて、致公党と羅豪才に薄い線が延びていたようだ。

以下はやや怪しい情報だが、アメリカの反共系華人出版社・内幕出版社が二〇一六年に刊行した『明棋與暗局』（程明、著）によると、チャン・ツィイーの致公党入党を推薦した人物こそ、彼女と関係が深かった徐明だったという。国際的女優としての経歴に加えて、致公党内の有力者だった徐明の推薦があれば、入党は容易だったことだろう。

——薄熙来事件は習近平政権の成立期に発生した大規模な政変であり、闇が深い。徐明は薄熙来の失脚とともに逮捕され、検察側証人として出廷して贈収賄の事実を喋って薄熙来と口論になった末、二〇一三年に経済犯罪を理由に懲役四年が確定して服役した。しかし、二〇一六年九月の刑期満了を控えた前年十二月に、湖北省武漢市で謎の獄中死を遂げている。当時四十四歳だった徐明の不自然な早逝は、明らかにスキャンダルの「口封じ」を疑わせるものがあり、中国国内のネット世論においても物議をかもした。

薄熙来という巨人の尽きせぬ野心にカネと美女と政治権力が引き寄せられ、最後は共倒れした事件である。致公党は巻き込まれた立場だが、秘密結社をルーツに持つ政党にふさわしい、怪しげなスキャンダルに関係していたことは間違いない。

なお、薄熙来と徐明が失脚した二〇一三年以降、チャン・ツィイーの致公党員としての活動はほとんど確認できなくなってしまった。

第三章

世界の洪門

マフィア、抗争、仮想通貨、香港デモ

第一章から第二章まで、洪門《ホンメン》の主流派の歴史と現在の姿を追ってきた。しかし、洪門はもともとタテよりもヨコの繋がりが強いアメーバのような組織で、実は統一した行動方針やイデオロギーを持っているわけではない。ゆえに全世界の華人社会には、中国共産党の統戦《トンヂャン》（統一戦線工作）とはさほど関係なく動いていたり、意外な活動をおこなっていたりする洪門系のグループも数多く存在する。

本章ではそうした勢力を中心に、各地の洪門系の会党の現在の姿を見ていこう。

〈マレーシア〉

南洋華人のヤンキー秘密結社

洪門の原点のひとつは、おそらく十八世紀の福建省南部の農村で械闘の戦闘員となっていた、遊手無頼《ゆうしゅぶらい》のゴロツキたちの結社である。こうした往年の不良青少年グループの匂いを残しているのが、マレー半島を含めた東南アジアの島嶼《とうしょ》部に広がる南洋華人の

「私会党《スーフイダン》」だ。

マレー半島は海路を通じて中国南部との交易が盛んで、明代以前から華人移民が移り住んでいた。また、十九世紀以降は大英帝国の海峡植民地に組み込まれたことで、同じイギリス領である香港との関係が強まり、特に福建省や広東省からの移民が増えた（南洋華人のおおまかな分布傾向としては、首都クアラルンプールや中部の都市イポーには広東人が多く、ペナン島やシンガポールには閩南《びんなん》〔福建省南部〕人が多い。また、ボルネオ島のサバ州・サラワク州、タイ深南部のハートヤイなどは客家《はっか》人が多い）。

現在でも、マレーシアは約三二〇〇万人の人口のうちで華人系住民が約二三％を占める。また、隣国シンガポールは人口約五六四万人のうち七四％が華人系だ。マレー半島の一帯には、人口規模だけを見れば中国本土と台湾に次ぐ「第三の中国」とも呼ぶべき巨大な中国人社会が形成されている。

しかも南洋華人の社会は、中国本土の社会主義革命や文化大革命から隔絶した環境に置かれてきたことで、華南の伝統的な民間風俗が非常に色濃く残っている。ゆえに秘密結社についても、往年の生々しくて荒っぽい姿が保たれているようだ。

たとえばマレーシアの華字紙『中国報《ヂョングォバオ》』などによれば、二〇一七年七月十六日、同国南部のジョホールバル市インピアン・エマス地区において、華人の少年・阿倫《アールン》（仮名、十六歳）が校門でバスを待っていると、突然五人の不良少年に絡まれた。一人は面識があったが、残る四人は見ない顔で、いずれも華人系である。不良たちは阿倫を路地裏に連れ込み、こう凄んでみせた。

「なぜ「五五〇党」に入らないんだ？　ずっと誘ってやってるだろう？」

「僕は悪いことや法律に違反することをしたくないんです」

その返事に少年たちは激昂し、五人がかりで阿倫にリンチを加えた。やがて満身創痍《まんしんそうい》で帰宅した阿倫が両親の勧めで警察に通報し、事態は明るみに出た。

当時、阿倫が通う華人中学校（日本の高校に相当）では二つの秘密結社グループが勢力を拡大中だったという。なかでも犯人の属する五五〇党は新規構成員の勧誘に熱心で、断った相手に脅迫や殴打を繰り返していた。

阿倫は同年三月ごろから五五〇党の勧誘を受けていたが、加入すれば毎月「保護費」の名目でお金を取られ、先輩構成員から飲食をたかられるため拒否し続けていた。結果、右記のリンチ事件に発展したようである。

最近でも二〇二〇年五月十三日夜に南部ジョホール州クライ郡で、二つの秘密結社構成員の少年たち一〇人ほどが集まり、武器を手に乱闘。うち十七歳の陳という華人少年が右腕が切断寸前となる大怪我を負った。

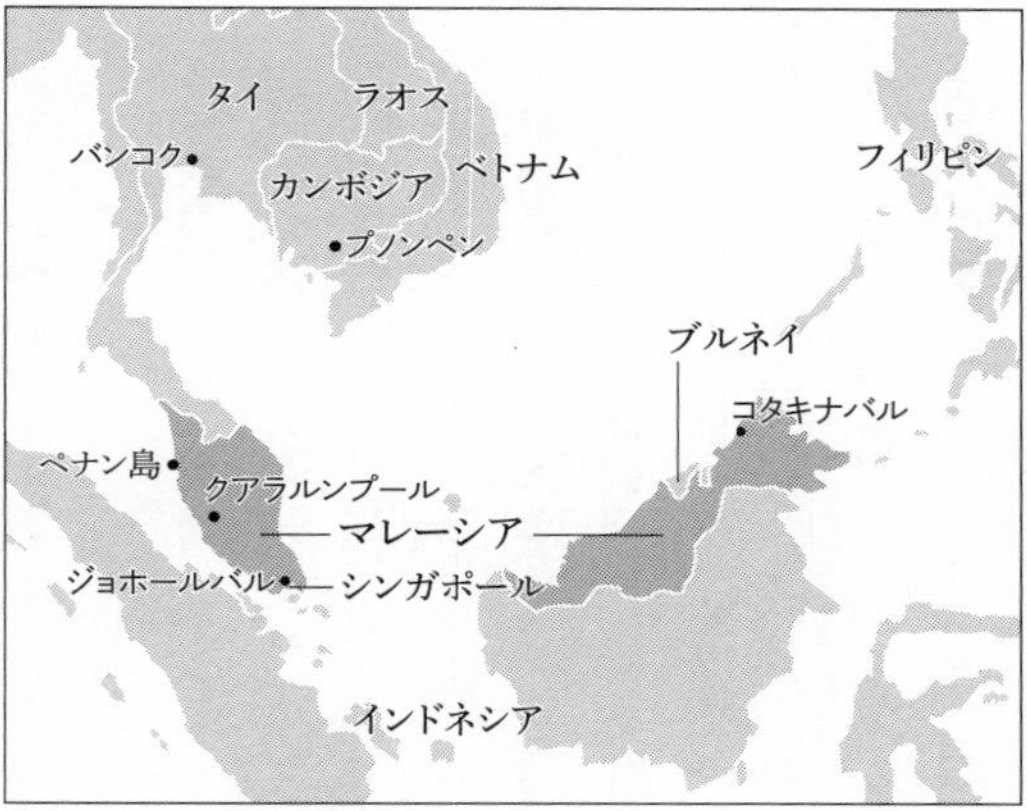

図7　マレーシア周辺図

さらに二〇二〇年八月二日には北西部のペナン州南スブラン・プライ郡の学校に、帽子とマスク姿で手に刃物やプラスチック管を持った十数人の秘密結社のメンバーが来襲。自分たちの仲間に入らなかったことを理由に、同校の少年たち一一人を追いかけ回し、被害少年のうち八人が警察に通報する騒ぎとなった。

いずれも往年の日本の暴走族やチーマーの暴れぶりを連想させるが、現代のマレーシアの華人不良少年たちの世界で、それらに近い組織として君臨するのは、洪門をはじめとした伝統的な秘密結社である。

ゆえに当然、仲間に加わるにあたっては怪しげな加入儀礼を経なくてはならない。

多民族国家の独特な事情

現地華字紙『光華日報《グアンホアリーバオ》』によると、マレー半島西海岸の中部に位置するペラ州の地元警察は二〇一七年六月二十五日、秘密結社「三六〇党」の入会式が執りおこなわれるとの情報を得て会合現場を捜索。ニワトリを生贄《いけにえ》にささげてその血を飲み合おうとしていた華僑系の男二二人と女一人を逮捕した。

ペラ州警察は反社会的な秘密結社の摘発に力を入れており、この三六〇党摘発事件を含め、二〇一七年前半の半年間で一〇五人の秘密結社構成員を摘発してきたという。その内訳は「〇四党」が四〇人で「〇八党」が三二人、「二一党」が二人で「二四党」が六人、「三六党」が二人で「三六〇党」が二三人……、などであった。

また『中国報』によれば、二〇二〇年一月十八日に首都クアラルンプールで秘密結社「七七党」の加入儀礼がおこなわれるとの情報があり、警察が現場に突入。隣国のシンガポール人六人を含めた一一四人を逮捕し、刀や警棒・入党書類を押収したという。

一連のニュースからもわかるように、戦後のマレー半島の華人秘密結社は、伝統的な堂号《タンハオ》（たとえば第二章で登場した司徒美堂の「安良総堂」など）ではなく、各堂に付けられたナンバーで組織名を呼ぶことになっている。たとえば二〇一三年八月二十九日付の『東方日報《ドンファンリーバオ》』（マレーシア版）の特集記事によれば、いずれも洪門系の私会党である宏化《ホンホア》堂《タン》という組織が「二一党」、さらに参泰堂《ツァンタイタン》が「三六党」、青蓮堂《チンリエンタン》が「三六〇党」……。などと通称されている。

組織ごとにナンバーを名乗る理由は不明だが、一因として想像できるのは、マレーシアやシンガポールが多民族社会であることだ。マレー系やインド系など他の民族にも畏怖を与え、場合によっては彼らを仲間に引き入れるうえでは、中国人にしか通じない中国語の堂号よりも数字を名乗るほうが効果的なのだろう。事実、組織の英語名は、たとえば〇四党なら「ギャング０４」、三六党なら「ギャング３６」などと称されている。

『東方日報』特集記事ほか複数の現地報道によると、現在のマレー半島で活動している私会党は、洪門の系統と、青幇《チンバン》（第一章参照）の支派とされる華記《ホアジー》の系統に大きく分かれている。比率としては洪門が全体の七割で、華記が三割となっており、私会党同士の武力抗争（堂闘、械闘）の多くは洪門系と華記系の間で起きている。華記は勢力的に劣勢であるためか、インド系住民のメンバー加入を積極的に認めている。

マレーシア内務省が二〇一三年八月に公表した私会党のブラックリストに挙げられた四九組織のなかでは、たとえば老君《ラオジュン》・忠義堂《ヂョンイータン》・小三王《シャオサンワン》・鳳凰山《フォンホアンシャン》・廿一海《アルシィイーハイ》・二龍《アルロン》虎《フゥ》・三五党・三〇三党などといった組織が洪門系だという。いっぽう、〇四党・〇八党・一八党・二四党・三六党などが華記の系統で、主にマレーシアの半島部の北部と中部、さらにシンガポール国境のジョホールバルなどで勢力を張っている。

ニワトリの首をはねて生き血をすすり合うような加入儀礼は、特に農村部を中心に残っている。また洪門系の組織の場合、幹部には先生《シエンション》・洪棍《ホングン》・先鋒《シエンフォン》・白扇《バイシャン》・草鞋《ツァオシエ》・虎《フゥ》将《ジャン》などの役職がある。先生は儀式の主宰者であり、白扇とともに「文人」が務める。対して洪棍・先鋒・草鞋・虎将は「武人」の役職で、構成員たちは戦闘にあたってはこれらのリーダーの命令に従うという。

また、同日付『東方日報』の別の記事によると、マレーシア内務省によるブラックリストに掲載された私会党四九組織のうち、マレーシアの主要部であるマレー半島に拠点を置く組織は二八組織だ。他はボルネオ島のサラワク州が一六組織、同じくサバ州が五組織という分布になっている。

彼らのなかで最も凶悪なのは華記系の〇四党と〇八党で、違法薬物売買や殺人、武力抗争、みかじめ料の徴収などのさまざまな悪事に手を染めている。また、〇四党の構成員は判明しているだけで五四四〇人、〇八党は四四二三人で、実はこれらの組織については、構成員の多くがインド系住民で占められている（現地英字紙『ザ・スター』によると、〇四党は一九八〇年代までは華人系の華記の色が濃い秘密結社だったが、やがてインド系メンバーに引き継がれた。なお、多民族国家マレーシアにおいて、南インドから移住したタミル人を主力とするインド系住民は人口の約八％を占め、華人系に次ぐ存在感を持つ）。

『ザ・スター』によれば、二〇一三年八月現在でマレーシア全国の秘密結社（原文は「ギャング」）の構成員の総数は四万三一三人だ。内訳はマレー系が一九二三人、華人系が八二一四人に対して、インド系は二万八九二六人に及ぶ。また『東方日報』は、マレー半島に拠点を置く二八組織のうち、華人系メンバーが主となっている組織は一五組織にとどまり、いっぽうでインド系がメインの組織が五組織、さらに中国系とインド系の混成組織が四組織あると伝えている。

近年はどうやら、秘密結社の幹部層を華人が占め、殴ったり殺したりの実行部隊はインド系に担わせる形態がマレー半島の裏社会の潮流となりつつある模様だ。とはいえ二ユースを見る限り、華人青少年の世界ではまだまだ秘密結社の存在感は大きそうである。

〈カンボジア〉

中華暗黒紳士がプノンペンに集結

東南アジアの華人秘密結社の話題で、他に興味深いのはカンボジアの事例である。カンボジアはフランス植民地だった十九世紀以来、潮州系を中心に多くの華人を抱える国だったが、一九七〇年代のポル・ポト時代に華人が大量虐殺の標的とされたことで、秘密結社を含む大部分のコミュニティがいったん壊滅した。しかし一九九〇年代以降、再び中国人が押し寄せ、特に中国本土の一帯一路政策が本格化した二〇一〇年代なかばからは急増を続けている。中国メディアによると、二〇一九年には在住中国人数が一〇〇万人規模に達したとされる（なお、同年のカンボジアの総人口は約一五二九万人だ）。

現在、首都のプノンペンや港湾都市シアヌークビルは簡体字で溢《あふ》れかえり、中国資本の商業ビルや別荘地が盛んに建設されている（拙著『さいはての中国』参照）。新型コロナウイルスの流行以前、中国マネーの流入と土地バブルに沸くプノンペンやシアヌークビルの空気は、ゼロ年代の胡錦濤時代の中国のバブリーな雰囲気とよく似ていた。

しかも、カンボジア政府は中国政府と比較しても大幅に腐敗しているため、ギャンブルなどの賭博行為もやりたい放題である。特にシアヌークビルの場合、二〇一八年七月時点でカジノ六二施設のうち四八施設が中国資本だ（ただし二〇一九年八月、フン・セン政権がオンラインギャンブルの禁止令を出したことで中国人の進出はやや鈍った）。

今世紀に入り、香港やマカオの社会は大幅にクリーンになり、中国大陸も二〇一三年に習近平政権が成立してからは、官僚や公安の腐敗や黒社会の活動がかなり低調になった。だが、それゆえにと言うべきか、法律無用の混沌としたカンボジアは、中国人や香港人の政商やアウトローにとっての新たなフロンティアに変わっている。

往年のポル・ポト時代にいったん滅ぼされた秘密結社も、主にマフィア的な形を取ることで復活しつつあるようだ。

二〇一八年五月二十日には、首都プノンペン市内のグレート・デューク・ホテルで、世界洪門歴史文化協会《シージェホンメンリーシィウェンホアシエフィ》を名乗る組織の総本部の成立式が挙行されている。現地華字紙『柬中時報《ジエンヂョンシィバオ》』によると、出席者に名を連ねたのは世界洪門歴史文化協会会長の肩書きを持つ尹国駒《ワングォックコイ》、往年の香港アクション映画の名優である陳恵敏《チャンワイマン》（マイケル・チャン）、

世界洪门历史文化协会总部在柬成立 宣布发行“洪币”
记者：｜2018年5月21日 15:25

図８　世界洪門歴史文化協会総本部の成立式。左から文化協会会長の尹国駒、カンボジア王国軍副総司令官のサオ・ソカ

さらにカンボジアの巨大華人財閥の総帥である許明盛《シュイミンチェン》のほか、香港やマカオ（澳門）の多数のビジネスマンたち。また会場にはカンボジア副総理のメン・サム・アンや王国軍副総司令官のサオ・ソカなど、カンボジア政府の要人も招待された。

もっとも、このイベントの主役とも言える尹国駒・陳恵敏・許明盛は、いずれも一癖も二癖もある人物である。

まず尹国駒は「崩牙駒《バンンアコイ》（ブロークン・トゥース・コイ）」の通り名で知られる、香港発祥の洪門系黒社会組織１４Ｋの支派であるマカオ１４Ｋの親分だ。ことに二十世紀末、マカオがポルトガルから中国に返還される直前の時期には、マカオ総督を上回る権勢を持つと噂された人物だった。やがて尹国駒は一九九八年にマカオ当局に逮捕されて

一三年一〇ヵ月の懲役刑を受けたが、二〇一二年に釈放。その後はしばらくおとなしくしていたものの、中国人の新たな楽園であるカンボジアの怪しい匂いに惹きつけられてか、活動を再開した。二〇一八年には台湾の洪門組織である中華民族致公党《ヂョンホアミンズゥヂーゴンダン》（旧名「中国台湾致公党《ヂョングオタイワンヂーゴンダン》」。中国大陸の中国致公党とは別組織）から名誉主席の肩書きを贈られている。

また陳恵敏は一九七〇〜八〇年代の香港カンフー映画ではお馴染みだった人物だ。一九八七年に「チャーリー・チャン」の名で出演した『プロジェクトA2　史上最大の標的』ではジャッキー・チェンと死闘を演じたほか、近年は加齢による渋みを活かして黒社会組織のボス役での出演も多い。

だが、彼の正体は洪門の最高幹部を意味する「双花紅棍《シュアンホアホングン》」の称号を持つ香港14Kの大物だ。陳恵敏は背中・胸・腕のすべてに刺青《いれずみ》を入れており、俳優がギャングを演じているというより、ギャングが映画俳優の仕事もしていると言ったほうが正確である。特に背中の龍は日本で彫ったとされ、山口組との関わりを伝える香港メディアの記事もある。一昔前まで、映画は香港の黒社会の重要なシノギの場であり、陳恵敏はその時代の空気を残した映画人だった。

いっぽう、カンボジアの華人財閥の総帥である許明盛は、父親の許銳騰《シュイルイタン》(現地名「テン・ブンマ」)以来の同国有数の大富豪である。往年、許銳騰はフン・セン首相の金主《きんしゅ》として知られ、また中国を訪問した際には「愛国華僑《アイグォホアチャオ》」として葉選平《イェシュエンピン》や李瑞環《リィルイホアン》といった中国共産党の要人ともしばしば会見する政商だった。しかし、名士としての顔の裏で、内戦が絶えない往年のカンボジアでヘロインの密売により巨万の富を築いていたとされ、薬物問題を理由にアメリカへの入国を禁じられるという札付きの人物だった。許明盛はこの麻薬王の父から富を受け継いでおり、彼自身もカジノのオーナーだ。

世界洪門歴史文化協会総本部の成立式は、こうした南海の華人社会の名だたる暗黒紳士が一堂に会した、まことに怪しい匂いの漂う集まりだったのである。

秘密結社の暗号通貨と「洪門ビール」

奇妙な面々が集う式典の場では、やはり奇妙な発表がなされた。なんと、洪門がプロデュースする前代未聞の暗号通貨「洪幣《ホンビー》」(HB)の発行が宣言されたのだ。

当時、インターネット上でPDF版が公開された公式パンフレットには、過多な修辞を用いた文面でこう書かれている。

洪門文化の継承と洪門精神の発展は、現代の洪門人が義として当然なさねばならぬ責任であり使命である。時代の発展にともない、この悠久の歴史を有する洪門という組織も、積極的にデジタル時代に適合し、強大な生命力をそなえたブロックチェーン技術を使いこなして全世界の洪門の兄弟と他の海外華人と団結することで、「一帯一路」戦略と国家の統一、中華の復興のために尽くす力となるのである。

こういった時代の背景のもと、世界洪門歴史文化協会の尹国駒会長は、極めて強い歴史的責任感と使命感を胸に抱いてカンボジア入りし、世界洪門歴史文化協会総本部の建設に尽力して洪幣を発行した。これには用地の許可取得、カジノ・銀行・交易所の許可証の交付といった各種のサポートなど、カンボジア政府の強力な支持を得ている。すなわち数多くの洪門人たちが仰ぎ見る盛挙であり、やがては洪門の歴史に特筆して刻まれるに足るであろう記念碑的意義を持つ盛挙である。またこれが洪門人が立つ新たな出発点となり前例を打ち破りさらなる高みにのぼる象徴的事件なのである！

『白皮書』によると、洪幣はクロスチェーン対応の暗号通貨ウォレットおよび暗号通貨取引所、オンラインカジノやオンラインモール、さらには一般のギャンブルや市中での決済などさまざまな局面での使用を想定しており、仮想通貨を通じて全世界の洪門の兄弟たちや海外華人の団結を図るのだという。また、公式のアナウンスでは、洪幣の発行量は一〇億枚を予定し、最初は一洪幣あたり一ドルで出資を募るとされていた。

他の報道では、洪門の影響下にあるカジノやホテル・商店・学校・病院・旅行施設といった、さまざまな施設での決済に対応していくとも報じられた。つまり、全世界の秘密結社構成員に向けた共通貨幣という、怪しくも壮大な構想がぶち上げられたのである。

もっとも、この洪幣に対してはハワイのホノルルに拠点を置く世界洪門総会《シージェホンメンゾンフイ》がすぐさま反対声明を出し、洪門の名前を使った投機行為だと激しく非難した。また、尹国駒が名誉主席に名を連ねる台湾の中華民族致公党も、洪幣への関与は尹国駒の個人的な行動であり自党とは無関係だと突っぱねている。さらに、公式パンフレットでは「カンボジア政府の強力な支持」があると謳《うた》われたにもかかわらず、カンボジア国家銀行やカンボジア証券委員会が過去に複数回の警告をおこなっていたことも明らかになった。

結果、極道商売の杜撰さを露呈した洪幣の構想ははやくも二〇一八年六月ごろから迷走しはじめ、現在は公式ホームページも削除されて一切がうやむやになっている。

図９　尹国駒が出演する「洪門啤酒」（洪門ビール）の広告画像

ビットコインバブルの余韻冷めやらぬ当時、中華圏のビジネス界は暗号通貨ブームに沸いており、猫も杓子《しゃくし》も参入する状況だった。そこで、マカオ14Kのボスだった尹国駒もとりあえず手を出してみたが失敗した――。前代未聞の秘密結社仮想通貨の舞台裏事情は、このようになんとも残念な話なのであった。

もっとも、尹国駒は洪幣が頓挫した後も活動を続けている。二〇一九年ごろからは、なんと自分をイメージキャラクターにした「忠義洪門啤酒《ジョンイーホンメンピィジョウ》」（洪門ビール）なるビールブランドを中国国内で展開し、同年十月にはカンボジアでも進出記念式典をおこなった。

なぜか複数ある公式ホームページを確認すると、この洪門ビールは上海市・西安《せいあん》市・大連市などのほか広東省や陝西《せんせい》省の地方都市で販売代理店を展開。さらに蒸留酒の洪門白酒《ホンメンバイジョウ》、洪門鉱泉水《ホンメンクアンチュエンシュイ》（洪門ミネラルウォーター）、洪門《ホンメン》辣椒醤《ラージャオジャン》（洪門唐辛子ペースト）なども取り扱っている。

同じくホームページ上では、尹国駒が浙江《せっこう》省湖州《フゥヂョウ》市にある洪門ビールの工場を訪問した写真も公開されている。従業員や工場幹部たちはいずれも短髪で筋骨隆々としたいかつい男たちばかりであり、習近平体制下の現代中国でこんなに怪しい工場を経営していて大丈夫なのか心配になるほどだ。

なお、尹国駒はつい最近もニュースを提供している。ＣＮＮによれば二〇二〇年十二月十一日までに、マフィアであることを理由にアメリカ政府の制裁ターゲットとされ、在米資産をすべて凍結されてしまったのだ。かつてマカオの裏社会を牛耳ったギャング・スターは、現在も話題に事欠かないのである。

〈香港〉

洪門の対日協力組織が黒社会に

１４Ｋの話が出たので、香港の黒社会「三合会《サームハップウイ》」（トライアッズ）にも触れておこう。

三合会は本来、天地会や三点会・小刀会（第一章参照）などとともに洪門の会党組織のひとつとして知られていたが、戦後の香港では、洪門との関係の有無にかかわらず黒社会組織全体を指す言葉として使われている。日本のアウトロー社会でいえば、「三合会」は山口組や稲川会のような組織名ではなく「暴力団」という総称に該当する言葉になっているのだ（もっとも、タテの人間関係が強い日本の暴力団と、ヨコの関係が強い香港の三合会は組織形態がまったく違うので、安易な比喩は禁物である）。

やや古い数字だが、二〇〇七年十一月時点で活動が確認されている香港の三合会組織は一三組織ある。なかでも活発なのは、潮州《チャオヂョウ》系の洪門とされる新義安《サンイーオン》、洪門系の１４Ｋ、文化大革命期の中国大陸からの難民集団をルーツとする大圏仔《ダーイヒュンザイ》、香港の地場組織である和勝和《ウォーシンウォー》・和合桃《ウォーハップトウ》・和合楽《ウォーハップロック》など（「和字頭《ウォージータウ》」と呼ばれる）である。他にも、同じく香港地場系の組織である聯英社《リユンインセー》をはじめとした「聯字頭《リユンジータウ》」の各派が存在する。

過去から現在に至る経緯も説明しておこう。

かつて第二次大戦の終戦時点で、香港にはすでに地場系の「和字頭」「聯字頭」の各派や粵東《ユッドン》などの黒社会組織が存在したが、そこに社会主義革命によって拠点の上海を失った杜月笙《とげつしょう》（第一章参照）率いる青幇が流入してきた。青幇は一時期、九龍《くーろん》半島の尖沙《チムサー》咀《チョイ》の一部や油麻地《ヤウマーティ》の上海街《センホイガーイ》、香港島の北角《バッコッ》などで勢力を張ったものの、一九五一年の杜月笙の死によって弱体化する。
かわりに台頭したのが１４Ｋである。

彼らの組織はもともと、大日本帝国陸軍の広東特務機関長・矢崎勘十《かんじゅう》が広州市で組織させた洪門の対日協力組織「五洲華僑洪門西南本部《ウゥヂョウホアチャオホンメンシーナンベンブー》」が前身だ。戦後、国共内戦で劣勢になった中国国民党の特務機関（軍統）関係者である葛肇煌《ガァヂャオホアン》がこの組織を接収し、洪門忠義会《ホンメンヂョンイーフィ》を名乗らせた。１４Ｋという奇妙な組織名は、かつて本部が広州に置かれていた時代の住所にちなんでいる、「Ｋ」は国民党（Kuomintang）のＫである、広州（Kwangchow）のＫである、純金（２４Ｋ）よりも硬いことを示すためである……など数々の俗説があるが、正確にはわかっていない。

さておき、当初の１４Ｋは国民党の傘下で「大陸反抗」を目指した反共組織だったが、ほどなく急速にマフィア化し、一九六〇年代初頭には準構成員を含めて人数は八万人に達した。かつて蒋介石の生前は台湾から資金援助を受けていたが、それが打ち切られて一九九七年の香港返還を迎えるころには、新たな支配者となる中国共産党とある程度良好な関係を築くことに成功したとされる。

１４Kは名前が特徴的なためか、香港マフィアを代表する存在として日本でも知名度が高い。ただ、彼らはヨコの人間関係は広くてもタテのつながりが弱い洪門の流れをくむだけに、組織の統一性が弱いことが弱点とされる。

特に近年は分裂傾向が強まり、大別すれば前出の映画俳優・陳恵敏とほか二人の頭目による三巨頭の分権体制が敷かれているが、他にも分派が多数ある。香港の野心的なアウトローの間では「１４Kの統一」を言い出す者も少なからず出ているものの、陳恵敏はそれに不快感を示しており、現時点でうまくいく見込みは薄いようだ。

それはそれとして、現在の香港の黒社会は新義安と１４Kが二大勢力である。一九九七年の中国への返還後、香港の街からは急速に怪しさが薄れたが、飲食店や麻雀店、性産業など現在でも黒社会の影響が及ぶ店舗は少なからず存在している。

事実、二〇一七年に現地英字紙『サウスチャイナ・モーニング・ポスト』が報じたところでは、人口約七三〇万人の香港において三合会の関係者は約一〇万人にのぼるという。ちなみに人口が香港のほぼ二倍である東京都（人口約一四〇〇万人）における指定暴力団構成員と準構成員の総数は、二〇二〇年現在わずか四三〇〇人にすぎない。

香港の人口約三〇〇万人のうち一〇分の一が三合会関係者だと言われた一九六〇年代

と比べれば、大幅に数を減らしているものの、香港社会における三合会の影響力は、現在もなお軽視できないとみていいだろう。ちなみに香港警察によると、二〇一八年に発生した三合会がらみの事件は一七一五件にのぼったそうである。

三合会が香港デモ隊を襲撃

最近、この三合会が日本国内でも大きくクローズアップされる出来事があった。

香港デモが盛り上がっていた二〇一九年七月二十一日、香港鉄路（ＭＴＲ）西鉄線の元朗《ユンラン》駅で三合会の関係者だとされる白シャツ姿の男たち数百人が、デモ隊や市民を棒や藤鞭（藤の枝のムチ）で襲撃する事件が起きたからだ（元朗七二一事件）。

この日の日中、香港島ではリベラル派の連合組織である民間人権陣線が主催する平和的な大規模デモが実施されたため、元朗駅にはデモ帰りの若者が大勢戻ってきていた。そこに白シャツの男たちが襲いかかったのである。

香港デモについての寄稿が多い日経ビジネス電子版開発長の池田信太朗の記事を引用する形で、まずは事件の概要と、香港市民の反応をおさらいしておこう。

この日の夜8時前後、元朗駅周辺に白いシャツを着て棒を手にした反社会組織の関係者と思われる男たちが集まるのを見て、恐怖を感じた何人もの市民が999番（日本でいう110番）に電話を掛けて警察に通報した。

9時半前後、白シャツの男たちは手にした棒などでデモ参加者が着ることの多い黒シャツを身にまとう市民を無差別に襲撃した。初め駅の出口で襲い、10時過ぎには構内に乱入した。被害者にはデモから帰ってきた者も含まれていたが、無関係な者も多かった。

襲撃のさなか、警官2人が現場にいたが、介入することなく10時50分過ぎにその場を立ち去った。ようやく警官隊が到着したのは11時20分前後。しかも暴漢たちを逮捕しようとはしなかった。暴漢たちが姿を消すと、警察は引き揚げた。だがその後、翌日7月22日午前0時半には再び暴漢たちが現れて駅構内で市民を襲撃している。

時を戻して取材することはできないので、真相を確認することはできない。だが、この襲撃に香港の反社会的集団である「三合会」が関わっている、暴漢は同会の構成員である、親政府派議員がこの暴徒たちをけしかけた、警察は襲撃を容認している、あえて出動を遅らせた、などの臆測が香港社会で広く信じられていることは確かだ。出動の遅れについて香港警察は「他の場所での暴動（デモ）に対応するために人員が不足し、駆けつけられなかった」と説明したが、信じる人は少ない。

池田信太朗「元朗襲撃事件、香港デモに宿る警察不信の原点・香港２０１９（３）」『日経ビジネス』二〇一九年九月二十六日
https://business.nikkei.com/atcl/gen/19/00071/092600003/

警察の到着が異常に遅かったことや、非常に親北京的な立法会議員（国会議員に相当）の何君尭《ホーグワンイウ》（ユニウス・ホー）や現地の警察幹部が事件前後に白シャツ集団と握手や談笑をしていた動画が出回ったことなどから、香港政府や北京の中央政府が三合会を使《し》嗾《そう》して自分たちを襲わせたとみなす認識が、（真偽はともかく）デモ支持派の市民の間に広がった。事実、同年八月十日までに逮捕された容疑者二七人のうち、一四人が和勝和や１４Ｋなど三合会組織の関係者だった。

日本国内の報道でも、「三合会は中国共産党の手先」という単純化された説明のもとで、香港黒社会と北京の中央政府や香港政府との結託を伝える報道が少なからずあった。

ただ、こうした説明はすべて間違いとは言えないものの、実態を正確にとらえたものとは言い難い。なぜなら白シャツの襲撃者たちはおそらく、上層部に指示された政治的なミッションを忠実に遂行する都市型マフィアの構成員……などといった垢抜《あかぬ》けた存在ではなかっただろうと推測できるからだ。

彼らが襲撃に出た理由には、中華人民共和国体制を支持する愛国主義のイデオロギーや、北京からの統戦工作、さらに香港政府と黒社会の癒着といった要素もあったはずだが、それ以上に自分たちのテリトリーを守るという土着的な側面も大きかった。

襲撃者たちの一部は広義の黒社会（三合会）の関係者だったが、逮捕された容疑者には三合会と無関係な地域住民も多くいた。彼らの実態は、非常に泥臭い「田舎のガラの悪いおっさん」（郷黒《ヘンハッ》）や「田舎の腕っぷしの強いおっさん」（郷勇《ヘンユン》）に近い人々だったと思われるのである。

実のところ、事件の数日前から兆候と呼べるものが存在していた。

香港のデモ隊が連絡手段に用いているメッセージソフトのTelegram《テレグラム》のチャンネルやTwitterなどのSNSで、元朗地域のアンチ・デモ派が作成したとみられる奇妙な警告

嚴重警告
元朗所有範圍，不得貼有連儂牆，如有發現必除之，
連登仔女聽住，要貼就貼係你呀媽個閪度
元朗邨民不歡迎你地
如戴有口罩者進入元朗，一定斷手斷腳出去
元朗18鄉誓保家園
元朗18鄉上
図10　「元朗18郷」を名乗る襲撃の警告文。元朗七二一事件前の2019年７月19日、筆者がTwitter上で見かけて画像を保存

文付きの画像が話題になっていたのだ（図10）。

警告文の内容は以下の通りである。かなり汚い表現もあるが、広東語はもとより悪口（粗口《チョウハウ》）表現が非常に豊富な言語なので、そこは納得のうえで読んでほしい。

> 厳重警告
> 元朗の全地域においてレノンウォール（デモ隊のポスターやメッセージの掲示壁）の貼り紙を

貼ることは認めない。見つけ次第、絶対に取り除いてやる。
デモ隊のガキども、アマどもよ聞け。そんなにレノンウォールの貼り紙がやりたければ貴様のオカンの腐れ×××にでも貼っておけ。

元朗の村民は貴様たちを歓迎しない。
もし（当時のデモ隊のトレードマークだった）マスク姿で元朗に入る者がいようものなら、五体満足で帰れるとは思うなよ。
元朗18郷は命を懸けて俺たちの縄張りを防衛する。

元朗18郷より

文中の「18郷」とは、元朗駅のすぐ近くにある原居民《ユエンクイマン》の村落「十八郷《サップバッヘン》」を指す。右記の文面からわかるように、地元の村民は、大規模な襲撃事件を起こす前からデモ隊に強烈な不満を表明して警告を発していた。七月二十一日の騒動は、事前の予告が実行に移されたに過ぎないという見方もできるのである。

だが、原居民とは何か。そもそも、高層ビルが林立する近未来的な大都市のイメージが強い香港で、「村民」「村落」とはどういうことなのか。おそらく大部分の日本人には見当もつかない話ばかりだろう。

「香港の多摩」の自衛本能

事件現場となった元朗は、香港の「新界《センガーイ》」（ニュー・テリトリー）と呼ばれる地域に属している。

都市としての香港の起源は、アヘン戦争によって一八四二年に結ばれた南京条約にもとづき、イギリスが清朝から香港島を永久割譲されたことに始まる。その後、一八六〇年に九龍半島の南端部が追加割譲。だが、清朝の衰退と帝国主義列強諸国による中国国土の切り取り合戦はとどまることがなく、一八九八年には九龍半島の広大な後背地（深圳河《シェンヂェンホォ》以南）や近隣島嶼部を、九九年間の期限付きでイギリスの「租借地」とする不平等条約が結ばれた。

すなわち、往年の英領香港植民地は、純然たるイギリス領である香港島および九龍半島南端部と、租借地として中国が潜在的な主権を持つ広大な後背地が組み合わさって成立していた。新界地域は最後に香港植民地に組み入れられたため、当初は開発が立ち遅れたが、一九七〇年代の香港の高度成長のなかでベッドタウン需要が増大。多くの香港市民が新界のニュータウンに居住して、市内中心部に通勤する生活を送ることになる。香港における新界の位置付けは、東京都に置き換えれば多摩地区に近い。

やがて新界の租借期限がきた一九九七年七月一日、香港の「全体」が中国に返還されたのも、中英交渉を担った鄧小平の豪腕の結果とはいえ、香港の中心部と租借地の新界がすでに密接に結びついており、もはや後者だけを中国に返すことが現実的に不可能であるというやむを得ない事情も大きな要因であった。

一八九八年に租借が決定された当時、新界の九龍半島部分は、清朝の新安県《シンアン》（現在の香港と深圳市の大部分を含んでいた県）の農村地帯が突然イギリス領に組み込まれる形になった。現地は山と森が多く、二十世紀後半まで開発が進まなかったこともあって、新界では清朝末期以来の伝統的な農村が、社会主義革命や文化大革命どころか、辛亥革命すらも経験せずにそのまま保存されることになったのだ。

では、華南沿海部の伝統的な農村は、本来どのような場所だったのか。

香港から広東省の深圳市・広州市にかけての地域は、現在でも「〇〇圍《ワイ》」と呼ばれる地名が多い（香港鉄路の東鉄線〔九広鉄道〕の駅がある大圍《ダーイワイ》、深圳の巨大ビル京基《ジンジー》100が位置する蔡屋圍《ツァイウーウェイ》などが有名だ）。これらは往年の村々が、自衛のために四角い要塞を築いていたことに由来している。前近代のこの地域は海賊の襲撃が盛んで、宗族（第一章参照）同士の武力抗争である械闘も絶えなかったためだ。

村はさらに自衛手段として、近隣の村と連合して「郷」を作った。その名残《なごり》は現在でも新界に残っており、元朗七二一事件の警告文に名前が登場した十八郷も、こうした「郷」のひとつである。

現在でも村内の祠堂《しどう》（祖先を祀る廟）に械闘で死んだ英雄を祀る郷があるなど、武力によって村落と一族を自衛する意識（保家衛族《ボウガーワイゾック》）は、この地域の村の共通認識として組み込まれている。一八九八年にイギリスが新界を接収した際にも、元朗の屏山《ピンサーンヘン》郷の鄧氏をはじめとした宗族が猛烈な武力抵抗をおこない、イギリス側を手こずらせた。

新界租借地の成立後も、イギリスは新界の農村の村民（「原居民」と呼ばれた）を刺激しないために、男子のみの相続権や氏族単位の土地の所有など、都市部の香港市民とは異なる慣習法にもとづいた権利を認め、さらに村ごとの武装自衛組織の存在も二十世紀後半まで黙認し続けた。いっぽう、原居民は郷議局という利益代表機関を作って政府に物申すようになり、香港社会のなかでもかなり特殊な権益と発言力を持つ存在になった。

さらに一九七二年からは、原居民の男性に生涯に一回、村内の所有地に家を建設する権利と、その際の借地変更料や固定資産税の免除などの優遇を認める「丁権《ディンキュン》」と呼ばれる特権も認められる。

世界一不動産価格が高いと言われる香港で、この権利が持つ強力なインパクトは言うまでもないだろう。（違法ではあるが）丁権の転売行為や、広大な新界の土地所有権も莫大な利権の源泉になった。こうした数多くの特権が生じたことで、三合会との接点も生まれていくこととなる。

もともと、村内で械闘の際の戦闘力となるのは「郷勇」と呼ばれる腕っぷしの強い男性村民であり、彼らの一部はそのマッチョイズムから黒社会との縁を持って、地場のやくざである「郷黒」となる。また、地域の大宗族出身のエリートである「郷紳《ヘンサン》」が村の大ボスとして存在し、政治・経済の双方で有形無形の大きな影響力を持っている。

さすがに現在は械闘こそ起きないものの、郷勇や郷黒に相当する強面《こわもて》の人たちは村のなかに残っている。村の秩序を乱す外部の人間を実力で追い払う風潮も、原居民の集落のなかではいまなお生きている。

元朗七二一事件の数日前にネット上に流れた、ものものしい警告文の正体が、徐々に見えてきたのではないだろうか。

「光復香港」以前の時代から現地に住む人々

新界原居民は郷議局を通じて香港政府に圧力をかけることも多いが、政府側から多数の特権的権利を与えられており、総じて見れば現体制に肯定的な政治傾向が強い。

加えて、原居民の特権の源泉は、香港が「香港」になる以前から先祖代々この土地に住んできた点にある。ゆえに香港デモ隊の合言葉である「光復香港《グウォンフックヘオンゴン》、時代革命《シイドーイガックミン》（香港を取り戻せ、革命のときだ）」という主張へのシンパシーは抱きにくい（デモに参加する香港市民が「取り戻す」べきだと考えている時代よりもずっと前から、原居民たちは現地に土地を持っているのだ）。

また、新界は植民地期も潜在的には中国の主権下に置かれていた地域であるため、原居民は自分自身を「中国人」であると考える傾向が特に色濃い。ゆえに、一部の香港デモ参加者が掲げた「香港独立」スローガンや中国人へのヘイトスピーチなども、一般の香港人以上に同調し難いものだったと思われる。

元朗の原居民たちの間では、実力（暴力）で村落を自衛する伝統や黒社会組織との距離の近さ、政治的な保守性などがもともと存在していた。それらの傾向が、中国政府の出先機関である中聯弁《チョンリユンバン》（中央政府駐香港聯絡弁公室）や、原居民の利益拡大を望む親中派議員の何君尭らによって政治的に誘導され、一部は三合会とも接点を持つ郷黒たちがデモ隊に襲いかかった——。といったあたりが、元朗七二一事件の真相ではなかったかと考えられる。

事実、左派エコロジストで原居民利権反対派の、元朗地域を地盤とする民主派立法会議員の朱凱廸《チューホイディック》（エディー・チュー）は、事件の二日後にFacebookに以下のような投稿をおこなっている。

七二一元朗無差別襲撃事件は「香港版の義和団事件」だ。すなわち、上にいたのが中聯弁、真ん中にいたのが親体制派の政治家（何君尭）、下にいたのが件《くだん》の人物と協力した幫会（秘密結社、黒社会）のリーダーだ。幫会のリーダーは、原居民の「保家衛族」の意識を利用し、フェイクニュースによって村の荒くれ者や黒社会の構成員たちを誤った方向に導き、ある民主派議員が七月二十一日にデモ隊数百人を連れて元朗で騒ぎを起こすかのように誤解させた。結果、帰宅しようとしている元朗や天水圍・屯門などの住民を無差別に襲撃するような事態となり、すっかり「保家衛族」の意識とは無関係なことになって、香港じゅうが大騒ぎになってしまった。

聞いたところでは黒社会のリーダーはすでに香港を離れて、この嵐をやり過ごしているという。

Facebook「八鄉朱凱廸 Chu Hoi Dick」二〇一九年七月二十三日
https://www.facebook.com/chuhoidick/posts/2352513064814604/

朱凱廸は同じ文章のなかで、デモ隊側が元朗の襲撃者たちに復讐する場合でも、十八郷の村落や村内の祠堂、祖先の墓などは絶対に攻撃してはならないと述べている。村と宗族のプライドの源泉となっている祠堂や墓地に攻撃を加えれば、十八郷の原居民たちの「保家衛族」意識が本当に刺激されてしまう。原居民たちが、香港デモ隊を相手にした械闘状態に陥ってしまいかねない懸念があったためだった。

結果、何君尭の事務所や先祖の墓は何者かによって荒らされたものの、十八郷の関連施設に対する復讐はほとんどおこなわれなかった。

秘密結社の暴力に引きずられた香港デモ

私は香港デモが開始されてから現地に六回渡航し、香港警察に至近距離一〇メートルからビーンバッグ弾（暴徒鎮圧弾）を発砲されたり半袖の右手に催涙弾が直接着弾して水ぶくれだらけになったりしながら、八ヵ月間にわたって取材していた。香港デモについては一家言あるので、もうすこし書いておこう。

そもそも、香港デモの事実上の起点は、香港政府が定めようとした逃亡犯条例改正案に反対して、二〇一九年六月上旬に全市民的な抗議の声が上がったことにある。当初は親中国派市民の一部すらも含めた平和的なデモがおこなわれ、はやくも六月十五日には香港政府側が改正案の棚上げを表明、運動の本来の目標はこの時点で実質的に達成された。だが、二〇一四年に失敗した雨傘革命のリベンジを望む若者たちが、市民の支持も得つつさらに要求事項を増やして闘争を継続させたことで、デモは長期化することになった。

やがて、香港警察による催涙弾を用いた鎮圧が激化するなか、七月末ごろから台頭しはじめたのが、警官隊との積極的な抗戦を選択する勇武派《ユンモウパーイ》と呼ばれるグループだ。デモ隊は香港政府にダメージを与えるべく、市内の交通インフラや店舗に対する放火や破壊を繰り返すようになり、「親中派」とみなした人物や組織に対する吊し上げや、中国大陸出身者への嫌がらせやヘイトスピーチなども盛んにおこなうようになった（こ

図11　元朗の白シャツ集団があらわれた場所に近い南辺圍。村内に入ろうとすると止められた。2019年９月28日

れらは日本であまり報じられていないが、香港デモの深刻な負の側面だ）。

抗議運動は同年十一月に多数の勇武派の逮捕者を出した香港中文大・理工大闘争でピークを迎えた。二〇二〇年に入ってからも、新型コロナウイルスの流行をおして、デモは散発的に続けられていたが、二〇二〇年六月三十日に北京の中央政府が香港を対象にした国家安全維持法（国安法）を施行して徹底的な弾圧姿勢を打ち出したことで、ようやく収束する。

約一年間続いたデモの歴史的な意味を論じるのは時期尚早としても、当初は極めて平和的かつ秩序だっておこなわれていた抗議運動が、二〇一九年八月ごろから急速に暴力性を強めたことは確かである。五年前の雨傘革命では忌避された急進的な武力闘争路線が、二〇一九年のデモ現場では主流になったとみてもいい。翌年六月に香港デモを収束させた国安法は、香港の言論や政治活動の自由を大幅に制限する内容で、中国政府の強権性を示すものだが、デモの暴徒化や破壊行動があまりに度を越していたことが制定を後押しした面は否定できない（デモ隊の狼藉《ろうぜき》にうんざりしたせいで国安法を歓迎するようになった香港人は、私の身近な知人にも何人かいる）。

二〇一九年七月二十一日に起きた元朗の襲撃事件は、香港デモが〝壊れる〟大きなきっかけを作った。

デモ隊側は、襲撃者たちが政府当局の差し金で動いた「三合会」であると判断し、黒社会の暴力でデモを封殺する動きに対して、同じく暴力と破壊で復讐をおこなおうという考えを強めてしまったからだ。

加えて、デモ隊側が自身の行為への自浄作用を失う最初の契機でもあった。

実は元朗での事件発生と同じ七月二十一日夜、香港島の西環では中国政府の出先機関である中聯弁にデモ隊の若者が殺到して一部が暴徒化、中国人に対するヘイトスピーチ的な落書きをおこない建物を激しく汚損する騒ぎを起こしている。当初、この行動にはデモ賛成派の内部でも批判が出ていたのだが、元朗の襲撃事件のインパクトが強すぎたことで、そうした自己批判の声は吹き飛んでしまった。

中聯弁汚損事件がうやむやになり、暴力的な抗議行動が事後承認された形になったことも、デモ隊側が行動にブレーキをかけられなくなり、過激な行動に傾斜していく大きな要因になったとみていい。

元朗七二一事件を秘密結社の視点から評するならば、伝統中国の械闘の気風が色濃く残る新界から漂う三合会や郷黒の暴力の毒気が、都市部で平和的な民主化デモに参加していた若者たちの心を飲み込み、ひいては香港デモ全体を乱暴で陰惨なものに変質させる端緒となった事件だった——。そんな評価を下せるかもしれない。

〈アメリカ〉

「反共」洪門、香港デモを支持

内容がやや脱線したので、洪門の話題に戻そう。

二十一世紀に入って以降の洪門系の結社は、合法的な組織かマフィアかを問わず、政治面で中国共産党を積極的に肯定する傾向が強い。これは中国致公党による海外統戦工作の成果でもあるが、なによりも近年の「カネ持ち強国・中国」がもたらす政治・経済の各方面における即物的な利益に対して、機を見るに敏な洪門の各勢力がこぞって群がり、自然と体制擁護的なムードができあがった面も大きい。

ゆえに二〇一九年六月に香港デモが本格化してからは、世界の洪門各派がデモへの批判声明を出したり、中国大陸の統戦工作に協力して各国で香港デモ反対のカウンターデモに加わったりする例がいくつも見られた。

たとえば元朗七二一事件が起きた翌日には、台湾に拠点を置く「洪門《ホンメン》・中華民族致公文化総会《チョンホアミンズゥヂーゴンウェンホアゾンフィ》」（前出の中華民族致公党主席の陳柏光《チェンボォグアン》が総会長を兼任）が香港の洪門系の組織に対して「暴乱《バオルアン》」（＝民主化デモ）への不参加を呼びかける声明を出している。第一章で紹介したカナダ洪門も、香港デモに対しては極めて否定的だ。

――しかし、洪門は一枚岩の組織ではない。

なんと、中国の民主化運動や香港デモを積極的に支持し、中国共産党を非難している異色の分派も存在する。すなわち、アメリカのサンフランシスコのチャイナタウンに本拠地を構える五洲洪門致公総堂《ウゥヂョウホンメンヂーゴンゾンタン》（以下「五洲洪門」）である。

彼らは第一章で登場した黄三徳《こうさんとく》が率いたサンフランシスコ洪門の末裔らしい。国共内戦の末期に司徒美堂《スートゥメイタン》（第二章参照）と袂《たもと》を分かった、歴史的に中国国民党との関係が深い洪門組織だ（先の尹国駒が関係している中華民族致公党も国民党の保守派勢力と近いが、五洲洪門とは「反共」をめぐり立場の違いがあるようだ）。

五洲洪門については、二〇〇三年に従来の親国民党路線のリーダーが暗殺され、かわってレイモンド・チョー（周国祥《チョウグォシャン》、通称「シュリンプ・ボーイ」）という親中国派のマフィアが指導者の地位に就いたのだが、レイモンドは二〇一六年八月に殺人やマネーロンダリングをはじめとした一六二件の罪状により終身刑判決を受け収監。結果、趙炳賢《ヂャオビンシエン》という反共派の人物が、五洲洪門の主導権を取り戻した。

以下、アメリカの『自由アジア放送』（RFA）中国語版から、五洲洪門の香港デモに対する記事を引用しよう。なお、この報道は前出の元朗七二一事件の発生直後におこなわれたものだ。

「五洲洪門致公総堂」盟長の趙炳賢は記者の取材に対して、「洪門」は世界各地に分派があるが、彼は香港の（デモ隊を襲撃した）「洪門」がなにものかは知らないと答えた。趙炳賢はまた「彼らは完全に統戦工作を受けており、私たちとは完全に立場が違う。私たちは自由と民主主義を堅持し、香港の多くの民衆が逃亡犯条例改正案の反対運動の場に赴くことを応援している。（デモ隊を襲撃した）連中は完全に「洪門」の先達が定めた遺訓に反しており、私たち「洪門」は専制的な暴政をおこなう全体主義政権などは絶対に支持しない。現在の中国共産党政権は清朝よりもはるかに暴力的かつ専制的な政治をおこなっている。香港の親共政権が勝手な振る舞いをして悪法を施行しようとする振る舞いを、われわれは支持する理由がない」と述べている。

趙炳賢はさらに先週の日曜日（七月二十一日）に白シャツ姿の黒社会構成員が香港デモに参加した民衆に対して極端な暴力行為をおこなったことを激しく糾弾しており「連中は完全に人間性を失っており、あの行動はテロリズムと変わらない。私たちは香港の民衆の側に立ち、彼らに声援を送り、その堅固な後ろ盾になりたいと思っている。自由と民主主義のために引き続き闘い、決して悪法を成立させてはならない」と述べている。

『RFA』「旧金山〝洪門〟发表声明支持港人〝反送中〟」二〇一九年七月二十五日
https://www.rfa.org/mandarin/yataibaodao/gangtai/ck-07252019084253.html

図12　握手する中華民族致公党の陳柏光主席（左）と、五洲洪門致公総堂盟長の趙炳賢。ともに中華民国系の洪門組織なのだが、中国共産党に対する立場は異なる

趙炳賢は中国から亡命した在米民主派知識人たちともつながりを持ち、二〇一六年十月には中国出身の著名な反体制亡命学者である辛灝年《シンハオニエン》・任松林《レンソンリン》と、六四天安門事件のデモ学生のリーダーの一人だった封従徳《フェンツォンダァ》の五洲洪門への訪問を受け入れている。

封従徳は、天安門事件の際に感動的な演説をおこなった女子学生・柴玲《チャイリン》の元夫だ。彼は現在も中国民主化問題にかかわる言論活動を続けており、五洲洪門が香港デモを支持したことも、「現在の洪門致公総堂の趙炳賢盟長は一〇〇年前に孫中山（孫文）を支持した黄三徳（第一章参照）会長と同じである」「私は強く支持を表明したい」と言って熱心に持ち上げている。

天安門事件が起きた一九八九年当時、新義安や１４Ｋなどの香港の三合会はまだ中国共産党との関係が薄く、むしろ反共的な姿勢を残していた。このとき香港側の中国民主化団体・支聯会は、黒社会の密航ネットワークを利用する形で民主化デモに参加した学生らを中国から脱出させる秘密作戦「黄雀行動《ウォンジェッハンドン》」（オペレーション・イエローバード）をおこなっており、封従徳もこの黄雀行動を通じて救出された過去がある。封従徳と「反共」洪門の関係は、ことによると彼の亡命当時から三合会および台湾を介して細く長く続いてきた腐れ縁かもしれない。

一連の例からもわかるように、洪門は中華人民共和国の体制内政党から、ヤンキー的な秘密結社、完全なマフィアまで千差万別だ。政治的にも中国共産党の「手先」から「反共」的な一派までおり、秘密結社なのにビールを売り出している一派もいる。

あらゆる意味で柔軟、悪く言えば節操に欠けた存在だと言えるだろう。しかし、洪門が二十一世紀まで命脈を保っている理由もまた、この融通無碍さにある。

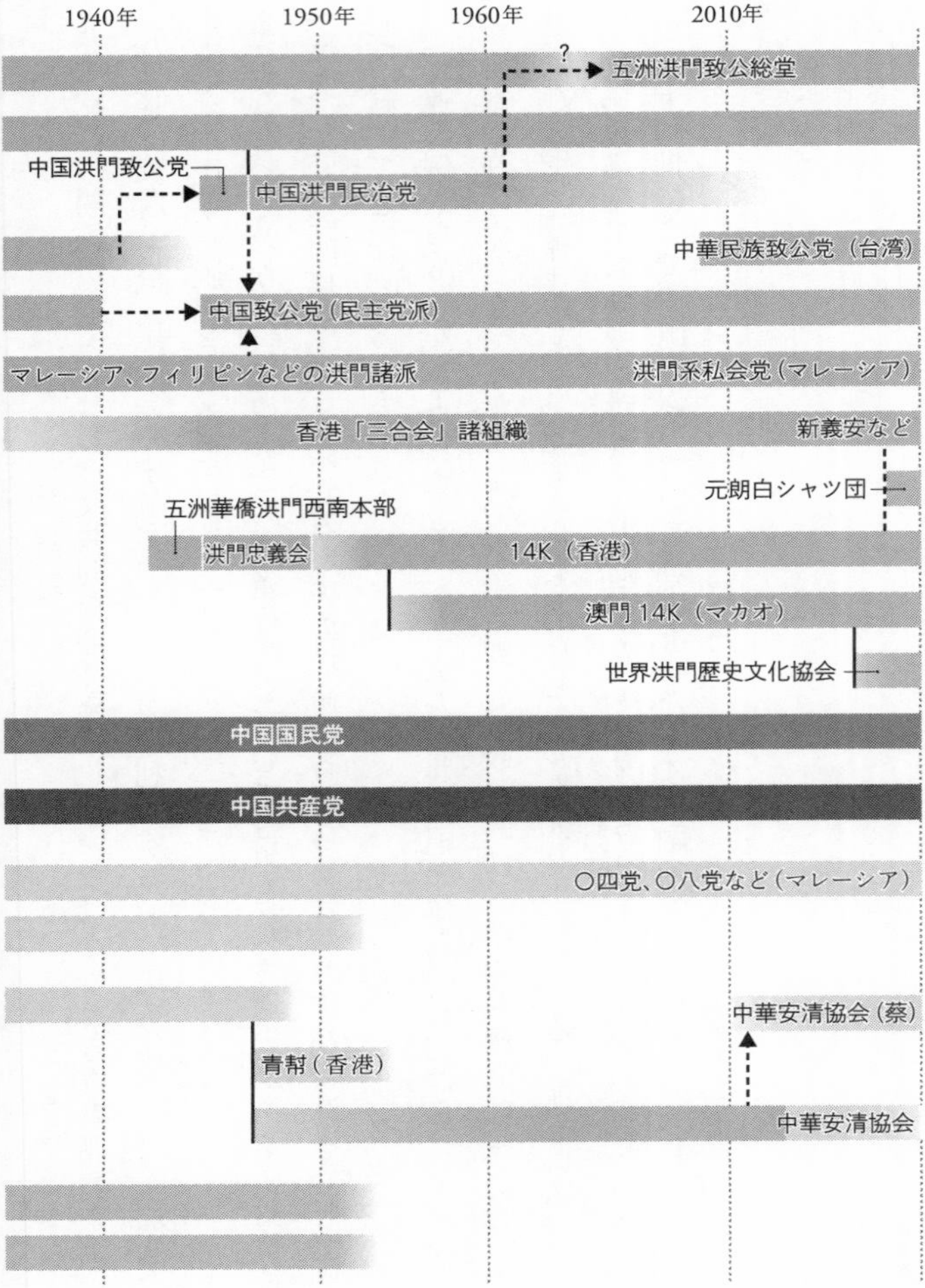
1940年
1950年
1960年
2010年
?
五洲洪門致公総堂
中国洪門致公党
中国洪門民治党
中華民族致公党（台湾）
中国致公党（民主党派）
マレーシア、フィリピンなどの洪門諸派
洪門系私会党（マレーシア）
香港「三合会」諸組織
新義安など
元朗白シャツ団
五洲華僑洪門西南本部
洪門忠義会
14K（香港）
澳門14K（マカオ）
世界洪門歴史文化協会
中国国民党
中国共産党
〇四党、〇八党など（マレーシア）
中華安清協会（蔡）
青幇（香港）
中華安清協会

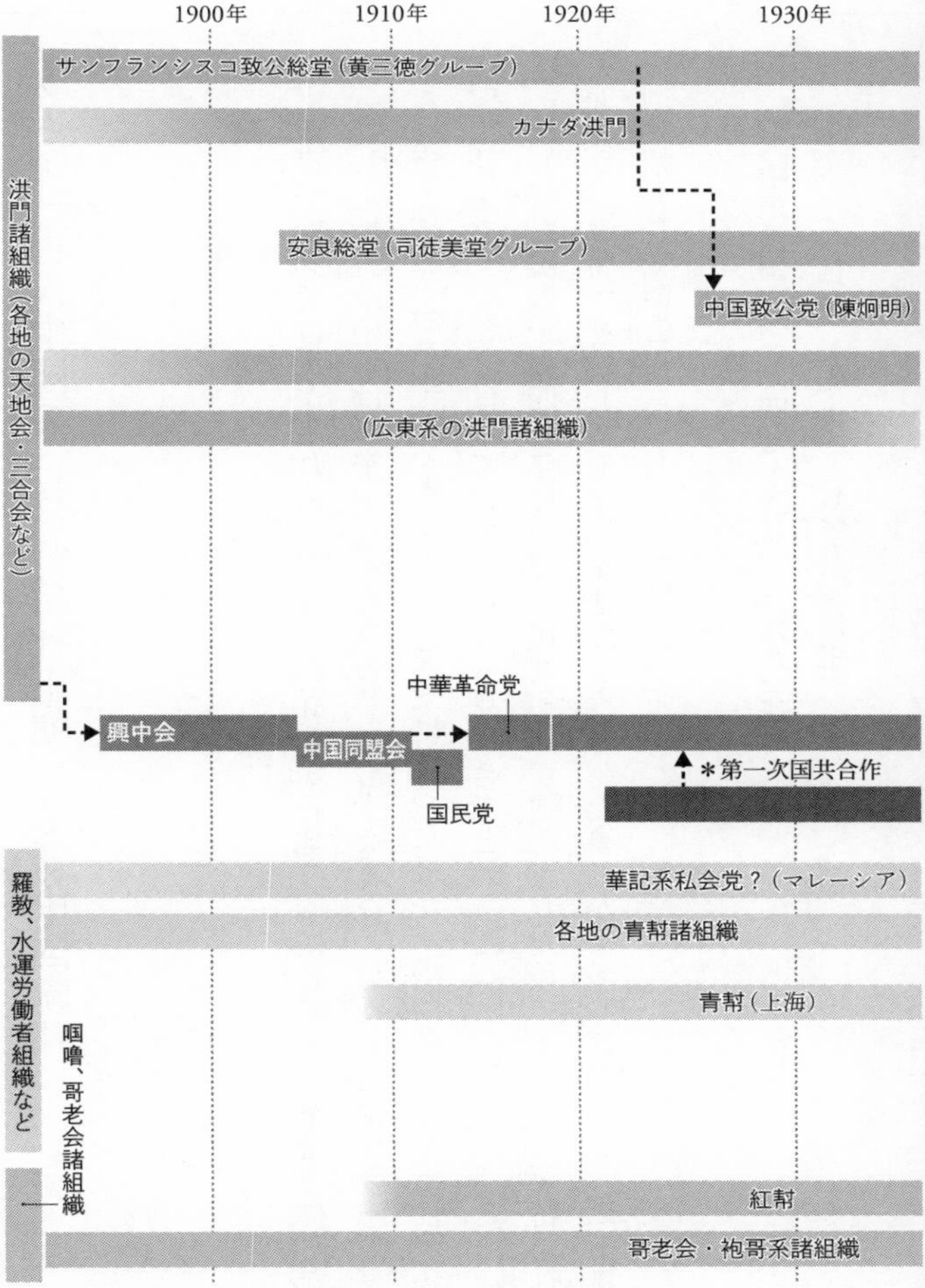

図13　19世紀末以降の会党および政治的秘密結社の系統図
（本書に登場した組織を中心とした）

コラム②　現代中国の「秘密結社王朝」と新中国聯邦

古来、中国では世が乱れると、大小の群雄が各地に割拠して王や皇帝を称した。こうした地方政権には秘密結社がらみの勢力も少なくない。たとえば清朝末期、洪《こう》秀全《しゅうぜん》が拝上帝会を率いて太平天国の天王になったほか、洪門《ホンメン》系の秘密結社が各地で王朝を立てたことはすでに第一章でも見てきたとおりだ。

そして、実は一九四九年に中華人民共和国が建国された後ですらも、秘密結社の頭目が「皇帝」を称して新王朝を建てようとした事例が数多く存在する。以下に事例を紹介していこう（なお、地名はすべて当時）。

【大中華佛国】（一九四七〜五三、一九八三）

皇帝：石頂武《シィディンウゥ》（先主）、石金鑫《シィジンシン》（後主）

首都：湖南省湘潭《シャンタン》県→湖南省醴陵《リーリン》県

湖南省湘潭県の地主・石振順《シィチエンシュン》が清朝末期に三期普渡《サンチープゥドゥ》という民間宗教（会道門《フイダオメン》）を創始し、息子が教祖を継承。その子で教団三代目にあたる石頂武は十七歳で中国国民党に加入し、やがて国民党員としてのコネを活かして三期普渡の教線を拡大させた。すなわち、省都の長沙《ちょうさ》市や工業都市の株洲《チューヂョウ》市をはじめ、隣接する江西省を含めた二九の市・県に教えを広め、およそ三万人の信者を集めたという。

そして一九四七年、石頂武は「大中華佛国《ダーヂョンホアフォオグォ》」なる国家の皇帝に即位する。首都は彼ら一族の故郷である湘潭県排頭《パイトウ》郷で、敷地面積一万平米に部屋数一六〇という巨大な皇宮を建設し、三期普渡の幹部信者らを左丞相《さじょうしょう》・右丞相・保駕将軍・軍師などの官職に封じた。さらに信者たちからなる大中華佛国護国軍を組織し、なんと現地の中国国民党軍の軍人に訓練のコーチを頼んでいた。

やがて湘潭の地は一九四九年八月に人民解放軍によって制圧されたが、大中華佛国は「蔣介石が帰ってくる」とデマを流すなどして抵抗。しかし一九五三年に「反動会道門《ファンドンフイダオメン》」の取り締まりキャンペーン（第六章参照）を受けて壊滅した。公安当局の捜査によって少数の武器のほか、皇帝の玉璽《ぎょくじ》・冠・龍袍《ロンパオ》（皇帝の衣服）が押収され、石頂武皇帝は銃殺刑に処せられ、王朝はいったん滅びたのだった。

だが、話はこれだけで終わらない。残党である李丕瑞《リィピールイ》が、三期普渡の経典を隠し持って文化大革命の嵐のなかを生き残り、捲土重来《けんどちょうらい》の機をうかがい続けていたのだ。やがて一九七六年九月に毛沢東が死ぬと、李丕瑞教団の古参信者たちは機が熟したとみて、大中華佛国を再建するべく盛んに動きはじめた。

そして一九七九年二月、李丕瑞たちは先主石頂武の遺児・石金鑫を苦労の末に見つけ出し、ひそかに接触。「貴方様《あなたさま》は皇帝になるべき人間なのです」と石金鑫を説き伏せ、ついに一九八三年十月に李丕瑞の自宅で即位式を挙行する。

大中華佛国第二王朝においては、功臣李丕瑞は他二人の古参信者とともに丞相に封ぜられ、大中華佛国護国軍も再建された。彼らは若き新皇帝のもと、憎《に》っくき中国共産党の打倒と三期普渡による世界征服を誓ったのであった――。

もっとも、当局がこんなものを認めるはずがない。即位式から二ヵ月も経たないうち、後主石金鑫と王朝の諸将はあっさりと逮捕。裁判によって李丕瑞ほか一人が死刑となり、石金鑫も懲役刑を受けたことで、大中華佛国は今度こそ完全に滅亡したのであった。

【中原皇清国】（一九八二年）

皇帝：張清安《チャンチンアン》

首都：四川省巴中《バーヂョン》県

文化大革命によって公職を追われた中医（中国医学医）の張清安は、一九八〇年代はじめに聖地陽霊山《ヤンリンシャン》の道教廟を参詣した際に元労働者の廖桂堂《リャオグイタン》と知り合い意気投合、義兄弟の契りを結んだ。彼らはやがて経典『五公経《ウゴンジン》』にもとづいて、世界の大災厄が迫っていること、五公佛を信じれば救われること、中国共産党や共産主義青年団の幹部はみな悪人であることなどを四川省の農民に向けて説くようになる。教団は信者約一〇〇人、さらにシンパ約二〇〇〇人を集めるようになった。

一九八二年七月、張清安と廖桂堂はそれぞれ「中原皇清国《ヂョンユエンホアンチングォ》」の皇帝と副皇帝を名乗り、さらに幹部信者たちと協議して、元帥・武侯王・西蜀王・一品夫人といった官職を約五〇人に与えた。この際、張清安は台湾の蔣介石に向けて「汝を威国王に封ず」という聖旨を近所の郵便局から送ろうとしたが、副皇帝にたしなめられて未遂に終わった（蔣介石は七年前に没しているが、中原皇清国の関係者は誰もそれを知らなかった模様である）。やがて同年十月十七日、張清安は聖地陽霊山で、群臣の三跪九叩頭《さんききゅうこうとう》を受けながら正式に皇帝即位を宣言する。

もっとも、ほどなく副皇帝廖桂堂の弟が公安に捕まり、国家の実態を自供。中原皇清国は同年十二月にはあっさりと滅亡してしまった。

【道徳金門国】（一九五二、一九八一～九〇年）

（第一次）皇帝：雷金安《レイジンアン》　首都：陝西省西安市（実質的には湖北省羅田《ルオティエン》県付近）

（第二次）皇帝：丁興来《ディンシンライ》　首都：湖北省羅田県

二十世紀前半の安徽《あんき》省・河南《かなん》省・湖北省の一帯には、道徳金門《ダオダァジンメン》という一貫道（第六章参照）の系統とみられる民間信仰が存在していたが、中華人民共和国の成立後に「反動会道門」として弾圧された。これによって師匠と父を処刑された雷金安は共産党への復讐を決意し、他の信者たちを糾合。結果、湖北省東北部を中心に一〇〇以上の村落から得た信者は一万人にもなった。雷金安は皇帝を名乗り、さらに近所の村の村長（郷長）だった夏徳普《シャーダァプゥ》を軍師として「道徳金門開国軍」を組織する。

一九五二年二月には雷金安が自身の祖先を祀った祠堂で皇帝即位式をあらためて

執りおこない、軍師のほか二人の丞相、五大将軍、皇后、三人の皇妃らを任命、北方に攻めのぼり古都西安を新王朝の首都にすることを宣言した。だが、五月になって地元の共産党幹部が率いる民兵による攻撃を受け、一一日間にわたる戦闘の末に敗北。翌年に雷金安以下の君臣三〇人あまりが極刑に処せられ、王朝は壊滅した。

ところが、道徳金門の法灯は容易には消えなかった。かつて信者だった丁興来という人物が、ひそかに王朝再興を目指して活動を継続していたのだ。

一九八一年七月、湖北・安徽省境の山岳地帯で信者を集めた丁興来は「三期末《サンチーモー》劫《ジェ》」(世界の終焉)が近いと説き、自身が天命を受けた皇帝であるとして即位、三〇人ほどの弟子たちに官職を与えた。また、彼は後宮を作り、下は十代前半から上は六十代まで女性五五人をたぶらかして毒牙にかけた——、ということになっている(第六章でも述べるように、中国共産党は敵対勢力が性的に堕落しているというプロパガンダを流すことで民心を離反させる手法を好んで用いる。視覚障害者だったとされる還暦前後の丁興来が、本当にそれだけ多数の女性をかどわかしていたかは不明である)。

丁興来皇帝の教えは、湖北・安徽両省の三市県八郷鎮に広がり、下は三歳から上は六十二歳まで、復員軍人や共産党地方幹部も入信するほどだったが、交通が不便な地域だったので公安当局が新王朝の存在に気付かず、九年間という異例の長期政権を維持した。だが、一九九〇年夏についに公安側が重い腰を上げたことで、帝国はあっさりと崩壊したのだった。

【後清大中国】（二〇〇二〜〇三年）

皇帝：国洪銘《グォホンミン》

首都：山東省《さんとう》淄博市《ヅーボォ》淄川《ヅーチュアン》区東坪鎮《ドンピン》

山東省の郷鎮《ごうちん》企業である東坪鎮玉豊《ユィフォン》集団公司の共産党委員会書記で、東坪鎮の人民代表大会の代表（村会議員に相当）だった国洪銘が、ひそかに「聖賢道《シェンシエンダオ》」という民間宗教を立ち上げて二万人以上の信者を集め、二〇〇二年秋にはついに皇帝を称して後清大中国《ホウチンダーヂョングォ》（正式な国号は「南蟾部洲後清大中国《ナンチャンブーヂョウホウチンダーヂョングォ》」）を建国した。

翌年十月、後清大中国が建国一周年の祭典を開くとの情報を得た公安当局が集会の場に踏み込み、国家幹部や国民（聖賢道信者）ら五八人を逮捕。現場で国民名簿や国家予算の会計簿、龍袍、国旗、のぼり旗などを押収した。その後、国洪銘皇帝は裁判で懲役六年の刑が言い渡され、後清大中国は滅亡する。首謀者は一昔前なら銃殺刑にされてもおかしくないはずだが、比較的軽い量刑で済んだのは、時代が二十一世紀になっていたからだろう。

他にも面白い秘密結社王朝について、以下に簡単に記しておこう。

- 四川省の大巴山《ダーバーシャン》地区の農民が皇帝を名乗ったが七日後に村の共産党書記が人手を連れてきたことで滅びた朱仕強《ヂューヂーチャン》政権（一九八〇年）
- 山東省で巫術《ふじゅつ》をおこなう女性・晁正坤《チャオヂェンクン》が女帝となり童貞男子を集めて後宮を作っていたが人民政府により滅ぼされた大聖王朝《ダーシェンワンチャオ》（一九八六～八八年）
- 唐王朝の末裔を名乗る李成福《リィチェンフゥ》が皇帝を称したが、派出所の警官三人によって滅ぼされた万順天国《ワンシュンティエングォ》（一九九〇～九二年）
- 四川省広安《グァンアン》県で曽應龍《ツェンインロン》が皇帝を名乗り、計画生育政策（いわゆる「一人っ子政策」）に反対して数百人を率いて蜂起、病院を占領した大有国《ダーヨウグォ》（一九八五年）
- 江蘇省阜寧《フーニン》県戴舎《ダイシェエ》村で黄壇《ホアンタン》教を創始した朱良美《ヂューリャンメイ》が皇帝を僭称《せんしょう》。天界の金玉《ジンユィ》が降りてきたとの理由で後宮を作り、金玉の魅力に惹きつけられた少女ら一七人を身辺にはべらせていた黄壇国《ホアンタングォ》（一九九二年）

・韓国から伝わったプロテスタント系異端セクト、世界イリヤ福音宣教会（第六章参照）の中国人信者たちが黒龍江《こくりゅうこう》省依蘭《イーラン》県で宗教コミューンを建設した宇《ユィ》宙十戒石国《ヂョウシィジエシィグォ》（もしくは「イリヤ十戒石国」、一九九六〜九九年）

中華人民共和国の建国後に登場した秘密結社王朝の数は、軽く調べただけでも三〇〜四〇国に達する。大部分は建国直後の一九五〇年代と、文化大革命の混乱が癒えず改革開放政策がまだ軌道に乗りきっていなかった一九八〇〜九〇年代という、世情が不安定な時期に集中して出現している。

二十世紀後半以降の秘密結社王朝は、キリスト教系の宇宙十戒石国を除くと、ほぼすべてが伝統的な民間信仰から派生した教門（会道門）の系統だ。これらは清朝後期にルーツを持つ教えが多く、皇帝体制との親和性が強い傾向があった点も指摘できるかもしれない。

ただ、二〇〇三年に山東省で後清大中国が壊滅して以降、中国で秘密結社王朝はほとんど生まれなくなった。理由としては、中国共産党の政治体制が安定したことや経済発展による中国人の価値観の変化、共産党体制を脅かす宗教の主役が往年の会道門から現代的な法輪功やキリスト教系新宗教に変化したこと、清朝の崩壊から一〇〇年以上（満洲国崩壊からも七五年以上）が経ち「皇帝」の存在を記憶する中国人がほぼいなくなったことなど、複数の要因が考えられるだろう。

陰謀論で武装する亡命富豪のサイバー国家

――もっとも、現代は「皇帝」が魅力を失った時代とはいえ、新国家を樹立すること自体が諦められたわけではない。

最近、話題になっているのが、二〇二〇年六月四日に建国宣言がおこなわれた「新中国聯邦《シンヂョングォリエンバン》」だ。これはニューヨークに亡命中の中国人富豪・郭文貴《グォウエングイ》（拙著『もっとさいはての中国』参照）と、彼の盟友でトランプ政権の元主席戦略官であるスティーブン・バノンが中心となった、中国共産党の打倒を目指すサイバー国家である。

郭文貴はかつて共産党の利権構造に食い込む政商だったが、習近平政権の成立後に中国国内で立場を失い海外亡命。二〇一七年からYouTubeや各種のＳＮＳを用いて、党高官らの虚実入り混じったスキャンダルを大量に暴露しはじめ、全世界の華人の間で多くのファンを獲得した。しかし、近年は「ネタ切れ」に陥った感があり、新型コロナウイルスは中国が開発した生物兵器であるといったデマをばら撒くようにもなっていた。新国家の樹立宣言は、世間に飽きられかけた彼の起死回生の一手だったとみていい。

郭文貴を熱狂的に支持するファンは、日本でも在日中国人を中心に数多く存在する。二〇二〇年十一月のアメリカ大統領選挙の後には、日本国内でトランプの「当選」を主張している右派系デモの現場で、新中国聯邦の旗がはためく光景も観察された。郭文貴を発信源とする新型コロナ関連のデマの流布も相変わらずだ。新中国聯邦はいまや、法輪功（第四章参照）と並んで、反中国（反中共）系の陰謀論やフェイクニュースの供給と拡散を担う非常に迷惑な集団と化しつつある。

新中国聯邦に関連した日本国内の団体のウェブサイトは少なくとも三つ存在するが、いずれも代表者名すら明記しておらず、秘密結社めいた雰囲気が強い。中国の怪しい集団が新国家を樹立する伝統は、形を変えて現代まで続いているのだ。

二部　「邪教」の誘惑

第四章

法輪功

中国版サイキックブームが
生み出した最大の反共組織

「あら、あなたは結跏趺坐《けっかふざ》ができるんですね。私はできるまで時間がかかったのに」

二〇二〇年二月第二週の土曜日の午後、新橋の桜田公園横にある公民館の畳部屋で、車座になって坐っている向かい側の女性から褒められた。

私の実家は禅宗（曹洞宗）の寺院で、私自身も若いころに数年ほど僧侶だったことがある。坐禅は一〇年ぶりだが、左右の足の先を反対の足の太腿に乗せる結跏趺坐は、いまでも一応やることができた。

「いやいや、うちでは右足を上にして組むんですよ」

この日の集会への体験取材を認めてくれた、リーダー格の初老の日本人・菅原が教えてくれた。実は結跏趺坐の組み方は曹洞宗と同じなのだが、私が左右を間違えていたようだ。慌てて足を組み直し、丹田《たんでん》（へその下）のところで両手をタマゴを握るような形に結印《けついん》させる。最初の坐禅が始まった。

五分後、菅原のスマホから鐘の音が響く。

足を組んだまま、左の手のひらを拝むように縦に立て、右手を腹のところまで下げて横方向に伸ばす。「単手立掌《ダンショウリーヂャン》」という、彼らの独特のポーズである。そのまま、さらに五分間、坐る――。

彼らが信じるのは法輪功《ファアルンゴン》（法輪大法《ファアルンダーファア》）の教えである。

法輪功は宗教的な性質を持つ気功学習集団で、前世紀末から中国共産党によって「邪教《シエジャオ》」であるとみなされ、目の敵《かたき》にされている。対して法輪功も共産党を深く憎み、いまや気功結社というより、全世界の華人社会で最大規模の反共組織と化している。日本でも活発に活動しており、池袋などの中国人の多い街では、機関紙の『大紀元《ダージーユエン》』を配る法輪功メンバーの姿をしばしば見ることができる。

法輪功は、中国国内で多数の修煉者《しゅうれんしゃ》が当局の「臓器狩り」に遭い、臓器売買の犠牲になっていると主張している。実態は不明だが、少なくとも中国国内で修煉者やシンパとみなされた人間が当局による不当な拘束や暴力を受ける例があるのは事実だ。

一九九九年四月に北京で修煉者たちが起こした中南海包囲事件を契機に、中国共産党の弾圧は激化し、法輪功は活動の拠点を海外に移した。ただ、私に菅原を紹介してくれた五十代の中国系日本人女性・小林はこう話す。

「現在も法輪功の修煉者が最も多いのは中国国内です。私の親族の家が、迫害を受けた修煉者のたまり場になっていたこともありました。投獄されて薬物を注射されたり、骨折しても放っておかれたりして、身体が傷ついた人たちです。身体のダメージは法輪功の煉法によって回復できますが、壊れた心はなかなか戻りません」

また、彼女は中国国内の修煉者たちについてこうも言う。

「修煉は屋内でこっそりおこなっています。ほかに「法輪大法好《ファアルンダーファアハオ》（法輪功は素晴らしい）」「三退保平安《サントゥイバオピンアン》（中国共産党系の組織から脱退しよう）」といったスローガンを紙幣にスタンプして市中に流通させたり、法輪功のウェブサイトにアクセスするQRコードを印刷した紙を図書館の本に挟んだり、そういった紙をタクシーの後部座席のポケットに放り込む人もいます」

キャッシュレス化が進む近年の中国では紙幣に触れる機会が減ったが、反党スタンプが押された一元や五元などの小額紙幣は、中国で日常生活を送ったことがある人ならばおなじみだ。団地やマンションの共有スペースや、下町の電柱などにこっそりと貼られた法輪功のシールも、そう珍しいものではない。

中国は監視社会のイメージが強い。だが、中国人は自分に直接的な被害がない限りは他人の行動に無関心であり、自分と同じマンションに法輪功住民が住んでいても放っておく人が多い。ゆえに法輪功は社会の片隅で隠れ暮らし、顔の見えないメンバーたちがこっそりと現体制の転覆を訴え続けている。

日本の法輪功は、私の体験取材を受け入れてくれるくらいにはオープンな組織だ。しかし、中国国内における彼らは、まさに「秘密結社」的な存在に他ならない。

図14　ベトナムのハノイ市内で出会った法輪功の中国人メンバー。中国人観光客に法輪功の正当性を訴えていた。2019年６月27日

法輪功は中国に多少関心がある人なら必ず目に入る存在だが、その政治的主張や『大紀元』などの傘下メディア（後述）のアクの強さゆえに、中国報道に携わる日本国内のメディア関係者からはかえって距離を置かれがちだ。しかし、私はそれゆえに、彼らに

ついて知ってみたいと考えた。

中国共産党は「邪悪な幽霊」

この日、新橋の公民館で開かれていたのは、月に数回実施される都内の法輪功の小規模な定例集会だった。

参加者は中高年が中心で一〇人程度だ。中国系日本人や在日台湾人もいたが、意外にも全体の半数はネイティブの日本人だった。参加者に事情を聞いたところ、他の地域では華人系の参加者が多いが、新橋の集会は例外的に日本人が多いらしい。

「現在、新型コロナウイルスが蔓延しています。苦境にある武漢に向け、発正念《はっしょうねん》を。同時に、全世界に意識を向けていきましょう」

リーダー格の菅原が、坐禅を続けながら呼びかけた。ちなみに当時（二〇二〇年二月）、コロナ禍はまだ日本にほとんど及んでおらず、中国国内の問題であるとみなされていた。

やがて、参加者たちが八字の文句を中国語で唱えはじめる。

「法正《ファアヂェン》乾《チエン》坤《クン》、邪《シエ》悪《オー》全《チュエン》滅《ミエ》……」

「法正《ファアヂェン》天《ティエン》地《ディー》、現《シエン》世《シー》現《シエン》報《バオ》……」

この「発正念」は法輪功の法語である。彼らの公式ページ『明慧網《ミンフィワン》』（日本語版）によると、「正念を発して邪悪の黒い手と卑しい鬼を根絶し、共産党という邪悪な幽霊のすべての要素を取り除」く言葉だ。

菅原のスマホから再び鐘の音が響いた。今度は結跏趺坐のまま、体の中心で両手の指を蓮華《れんげ》の花のように開く「蓮花手印《リエンホアショウイン》」のポーズを取り、さらに五分の坐禅。これで修煉前の準備行動は終了だ。

一同が足を崩し、場が和らぐ。やがて、ひとりの大柄な日本人男性が立ち上がった。先日、日本国内でおこなわれたという、法輪功の大規模な講演会への参加報告だ。

準備スタッフとして加わった彼はその際、法輪功の指導者・李洪志《リィホンヂー》の姿を近距離で三回も目にしたという。

「私から五〇センチほど前を師父《しふ》（李洪志）が歩かれたんです。パッとお顔が光り輝きました。きっと一瞬で、私の現在・過去・未来がすべてお見えになったんでしょう」

他の参加者たちが感嘆の声を漏らす。男性の話は耳慣れない固有名詞や専門用語が多く、部外者にはわかりづらい内容だったが、法輪功の修煉者同士では非常に「響く」ようだった。別の男性が声を上げる。

「当日、会場の近くで、空を飛ぶ飛行機から赤い光が延びている写真が撮れたんです」

「なるほど。会場のテレビカメラの画面にも「法輪」がびゅんびゅん飛び回る様子が映っていたようですからね」

参加者たちに、こうした話を奇異に感じている気配はなかった。私がかつて僧侶だった時期に身近だった、日本の伝統仏教の僧侶や檀信徒とはちょっと違う雰囲気だ。

あえて肯定的な表現をするなら、法輪功の集会は新鮮な信仰の熱気に満ちたコミュニティだった。歴史が比較的浅い教えなので、日本の伝統仏教のように惰性的に信仰を維持している人が、まだほとんどいないのだ。もっとも、そうした純粋さゆえに、一般社会ではまず信用されない神秘主義的な奇跡体験についても、素直に受け入れる素地があるようだった。

ただ、法輪功が修煉者を惹きつける理由は、こうしたオカルト色や、後述するような政治的な要素だけではない。

「法輪大法には五つの功法があるんです。今日は初めて来られた方もいますから、おさらいをしてみましょう」

休憩を挟んでから菅原がそう話す。「初めて来られた方」とは、もちろん私のことだ。

第一式の功法は、千手観音が手を広げるイメージにもとづく「佛展千手法《フォオヂャンチエンショウファア》」だ。まずは直立して結印してから、両手を上にあげて腰を伸ばす「弥勒伸腰《ミィルーシェンヤオ》」をおこない、手を下ろしていく「如来灌頂《ルウライグワンディン》」に移る。合掌後に胸元で気を練り、右手（女性は左手）を胸の前に置いて、左腕を斜め上に伸ばす「掌指乾坤《ヂャンディチエンクン》」（左右逆でも同じ動作をおこなう）。そして両腕を身体の左右に水平に伸ばす「金猴分身《ジンホウフェンシェン》」と、前下方へ伸ばす「双龍下海《シュアンロンシャーハイ》」。さらに両腕を横斜め下に伸ばす「菩薩扶蓮《プウサァフーリエン》」に続いて、身体の後方に伸ばす「羅漢背山《ルオハンベイシャン》」。両手を前方に向けて壁を押すようなポーズを取る「金剛排山《ジンガンパイシャン》」をおこなったら、両手のひらをいったん丹田の前で重ねて、最後に結印——。

これで第一式功法の一セットが終了だ。さらに第二式・第三式と、別の動作のセットが第五式まで続いていく。法輪功の修煉には、それぞれの型の「決めポーズ」を取る際に筋肉を数秒間突っ張らせ、それから脱力させるという特徴があった。

……さて、こう文章で書くと難しそうだが、実際の功法の動作は、ラジオ体操と同程度の運動強度の手足の曲げ伸ばしである。子どもや老人でも気軽にできるだろう。なによりスマホから再生される李洪志のかけ声を聞きながら各動作をおこなっていくため、いっそう「ラジオ体操」的な感覚が強い。

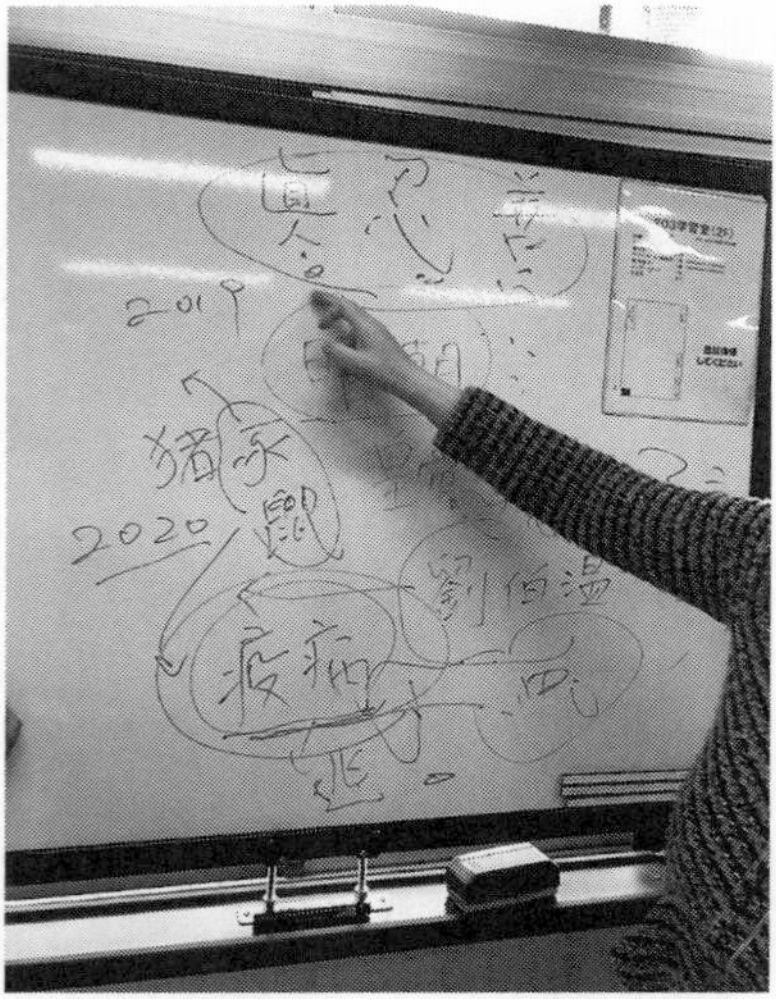

図15　新型コロナウイルスの流行が明の劉伯温によって予言されていたことを説明する女性修煉者の一人。2020年２月８日

とはいえ、あくまでも気功である。続けるうちに「気」が集まるのか、なぜか両手に強い熱を帯びるような感覚を覚えて驚いた。身体もぽかぽかとしはじめ、入浴直後のように芯から温まる感じがある。

法輪功をどう評価するか、政治的なイデオロギーをどう考えるかといった問題はさておき、明らかに健康にはよさそうだ。往年、中国で公称一億人が参加する大ブームが起きたのも納得できる。

第五式功法まで終わるころには、集会の開始から三時間が経過していた。修煉後も、大部分が顔見知りである修煉者たちは部屋に残り楽しげに談笑している。やがて、ある中国系日本人の女性が室内のホワイトボードを使って演説をはじめた。

新型コロナウイルスの流行は十四世紀の明の洪武《こうぶ》帝の軍師・劉伯温《りゅうはくおん》（劉基《りゅうき》）が予言していたという、機関紙『大紀元』WEB版の最新記事の紹介だ。

「予言には「七人一路走《チーレンイールーゾウ》、引誘進了口《インヨウジンリャオコウ》、三點加一勾《サンディエンジアーイーゴウ》、八王二十口《バーワンアルシィコウ》」という表現が見られます。これは法輪功の教えである「真《チェン》（眞）・善《シャン》・忍《レン》」の漢字を分解したものなんです。真善忍の教えによって、人類は疫病を乗り越えられますよ」

話を聞いていた他の修煉者たちが、口々に「なるほど！」「そうだったのか！」と納得の声を上げた。やっと得心したという表情で、うんうんと頷き続ける男性もいる。劉伯温は難解な予言詩を残したことで知られており、いわば中国版のノストラダムスだ。

私はオカルトに対しては比較的冷淡である。親切に気功を教えてもらえたのはありがたく、身体の調子もすこぶる良好になったのだが、集会が終わったとき、少なからずほっとした気持ちになったのも確かだった。

サイキック・チャイナ

気功集団の法輪功は世界最大の華人系反共団体であり、日本を含む世界各国でその活動を観察できる巨大な（疑似）宗教団体だ。以下、気功の歴史と法輪功が成立した背景をすこし詳しく見ていこう。

気功については、四世紀の東晋の道士・許遜《きょそん》の著作『霊剣子』に、気を練ることで体内に内丹と呼ばれる霊薬を作る修煉術について言及されているのが最早期の記録だという。ただ、近代以前の気功は導引、煉丹、吐吶《ととつ》など呼称すら一定せず、儒教・道教・仏教（禅）や中国医学の思想と混ざり合いながら民間療法や養生法の一種として受け継がれてきた。

現在の気功の体系が確立したのは、実は中国共産党の支配体制が定まった二十世紀後半になってからである。一九五六年、劉少奇《りゅうしょうき》や陳毅《チェンイー》らの党高官に認められた気功師・劉貴珍《リュウグイヂェン》を院長とする国立気功療養院が河北省北戴河《ほくたいが》に創設されたのだ。劉貴珍は著書『気功療法実践』のなかで、従来さまざまな方法が提唱されていた伝統的な心身鍛錬法を「気功」という概念のもとで整理した。ただ、彼は一九六六年の文化大革命で徹底的に批判されて地位を失い、気功もいったん中国社会で下火となった。

とはいえ気功は文革後にすぐ復活する。それを後押ししたのは、改革開放体制の初期にあたる一九七〇年代末〜八〇年代の中国を席巻したオカルトブームだ。なんと一時期は、体制側による積極的な後押しのもと、人体特異効能《レンティターイーゴンノン》（超能力）が真面目な研究対象とみなされ、国内メディアでも肯定的に報じられていたことすらある。

たとえば一九七九年三月には四川省の大手紙『四川日報《スーチュアンリーバオ》』が、耳で文字を読める十二歳の少年・唐雨《タンユィ》について、科学研究部門が研究を進めていると報道。その後さらに、安徽省の女子中学生・胡聯《フゥリエン》、北京の女子小学生・姜燕《ジャンイエン》と、同じく北京の十一歳と十三歳の王《ワン》姉妹、河北省の女子中学生・于瑞華《ユィルイホア》など、耳で文字が読めるサイキック少女が多数見つかったほか、遼寧省では鼻で文字を読める工場労働者・張宝勝《ヂャンバオシェン》が発見され、それぞれ研究対象となっている――、といった報道が出た。

人体特異効能の研究は、胡耀邦《こようほう》（後の党総書記）の共産主義青年団時代の部下で国防科学技術委員会副局長だった伍紹祖《ウゥシャオズゥ》や、国防科学技術工業委員会主任の軍人・張震《ヂャンヂェン》寰《ホアン》をはじめ、党や軍の高官のなかにも熱心な支持者がいた（張震寰は後に気功化学研究会理事長になり、一九九四年に死去するまで人体特異効能の研究に人生を捧げた）。また、上記の「鼻で文字が読める」張宝勝は、張震寰と伍紹祖から気に入られ、一九八二年五月には人民解放軍元帥の葉剣英《ようけんえい》の自宅で人体特異効能の実演をおこない評価されている。

やがて一九八一年に重慶市で開かれた第二回人体特異効能討論会では、中国共産党四川省委員会書記の楊超《ヤンチャオ》が開会式を主催。またこの時期には、中国のロケット開発の父として知られる世界的科学者の銭学森《せんがくしん》が熱心に人体特異効能の研究を支持し、既知の科学では解明されていない人体特異効能・気功・中国医学の三つを含む領域を「人体科《レンティカー》学《シュエ》」と称して、新たな研究対象とすることを提唱した。

結局、こうした人体特異効能研究の流れは一九八二年春ごろから党機関紙『人民日報』や共青団機関紙『中国青年報』で批判を受けるようになり、荒唐無稽な内容の報道にも規制が入ることになる。

だが、同年六月に出された人体特異効能の研究を規制する中共中央宣伝部の通知では「その観点を堅持する少数の人は、関係単位の責任管理の下に、引き続き研究を進めることが出来る」と、ある程度は人体特異効能の研究継続を認める姿勢が示された。これは銭学森が中央宣伝部副部長宛てに、人体特異効能研究の意義を訴える手紙を出したことも関係したかと思われる。

事実、一九八七年になってから中国人体科学学会が成立するなど、研究はその後も継続された。中国で人体特異効能が完全に否定されていくのは、六四天安門事件後の一九九五年ごろになってからのことだ。

人体特異効能研究をめぐる往年の中国の騒ぎは、現在の私たちから見ると微笑ましい。

だが、当時はアメリカやソ連も、テレパシーをはじめとした超能力や超心理学の研究を大真面目におこなっていた時代だ（一九九〇年前後には日本のソニーでも、創業者の井深《いぶか》大《まさる》の強い意向から、気や千里眼、東洋医学などを研究するESPER研究所が作られている）。

また、一九八二年に元帥の葉剣英が特異効能者の張宝勝を自宅に招いたり、一九八六年に党長老の薄一波《はくいっぱ》（二〇一二年に失脚した重慶市書記・薄熙来《ボーシィライ》の父）が気功師の方宗驊《ファンゾンホア》の治療を受けたりと、老境を迎えた中国革命の元勲たちがこぞってオカルトに傾倒していたという事情もあった。党のトップである胡耀邦が、人体特異効能研究について「宣伝せず。批判せず、論争せず」という「三不」方針を掲げ、玉虫色の決着を試みようとしたのも、党長老たちへの配慮ゆえだった。

当時の中国の人体特異効能研究は、怪しげな超能力すらも兵器活用の検討対象に含める冷戦下のリアリズムと、文革後の中国における伝統の復活や価値観の迷走、党長老たちの長寿・健康願望などが複雑に絡み合うことで生まれたものだった。

ブームに乗る気功師たち

超常現象に対して容認的な雰囲気が強かった当時の中国社会で、次なるブームになったのが気功である。一九八六年には当局公認のもと中国気功科学研究会が成立し、さらには中国中医研究院にも気功学科が設置された（なお「中医」とは伝統医療をおこなう中国医学のことで、中国では現代でもなお近代医療〔西医〕と並んで重用されている）。

加えて、人体特異効能の流行に一定のブレーキをかけていた胡耀邦が一九八七年一月に失脚したことも大きかった。中国では再びオカルトが市民権を得て、特に気功については一部が当局内部にまで入り込んでいく。

そこで台頭したのが、さまざまな気功師たちだった。以下に列挙していこう。


【張香玉《ヂャンシャンユィ》】女性気功師。「自然中心功《ヅーランヂョンシンゴン》」を提唱して「宇宙語」や「宇宙歌」を語り、修煉によって天目・眼功・耳功・嘴功が開くと主張。身体につく悪い霊を除いて、大自然の協調を回復させれば病気が治る、さらに自然中心功によって世紀末の中国は救われるなどと述べていた。一九八六年ごろから気功の実演と病気治療の活動をおこないはじめ、一九八九年末には当局から自然中心功研究所の設立を認可されたが、翌年になり公安局の取り締まりが開始され、張香玉自身も一九九〇年末に逮捕。自然中心功には中国共産党幹部の信者もおり、一九八九年にはこの信者が『大自然の魂魄　自然中心功の伝授者張香玉の記録』なる書籍を出版している。

【厳新《イエンシン》】重慶市の中医学研究所の中国医学医だったが、「封建迷信」をおこなっていることを批判されて免許を取り消され、一九八四年ごろから「腫瘍《しゅよう》を消す」「粉砕骨折を一瞬で治す」「風と雨を呼べる」「二〇〇〇キロ離れた場所の山火事を消せる」などの人体特異効能を持つ民間の気功師として名を上げる。一九八六年には気功科学研究会理事長の張震寰が率いる代表団の一員として訪日し、日本の気功師に勝ったことでも評判になった。さらに同年末からは清華大学気功科研協力グループにおいて、厳新が発した気で水道水などの分子構成を変化させる実験もおこなわれた。この実験は銭学森によって高く評価され、厳新の名はいっそう上がった。

もっとも、この清華大学の実験は学界から認められず、「ガンが治った」などの伝説の多くにも疑義が呈されたこともあってか、一九九〇年代からは主にアメリカに拠点を移した。二〇一〇年代になっても「Yan Xin Qigong（厳新気功）」について医学系の英語論文が確認できるので、新天地での活動はそれなりに成功しているようだ。

【張宏堡《ヂャンホンバオ》】中国共産党員だとされ、一九八七年から中華養生益智功（中功《ヂョンゴン》）を提唱。当局との人脈ゆえか一九八八年には『人民日報』でも肯定的な報道がおこなわれ、党や公安内部に勢力を伸ばした。だが、一九九〇年代なかばからスキャンダルが報じられ、張宏堡は海外に脱出。中功は最大時には公称三〇〇〇万人の修煉者と一八万人の気功コーチを擁する巨大気功集団に成長していたものの、一九九九年に非合法化され、現在はほぼ壊滅している。

【田瑞生《ティエンルイション》】仏教の影響を受けた「香功《シャンゴン》」を一九八八年に創始。修煉によって身体から香気を発すると言われた。一九九三年には公称で二一〇〇万人もの修煉者を獲得したが、一九九五年に田瑞生が病死し、香功も衰退してしまった。ただし、香功は現在でも中国のネット上で修煉の方法を説明する動画が視聴できるなど、自然中心功や中功、法輪功と比べると当局からの弾圧が弱い。創始者が死亡したことで勢いを失い、かえって生き延びることができたのだろう。

中国ではひとたびなにかが流行すると、有象無象の模倣者たちが大量に出現し、やがて共倒れ現象を起こす（まれに生き残った少数の人物や業者が圧倒的シェアを握る）という、多産多死の状況が生じがちだ。

たとえば二〇一七年ごろにブームになった中国的イノベーションやシェアリングエコノミーも、一時期はシェア自転車業界だけで一〇〇社近い競合が生まれた。当時、この熱気を受けて日本のビジネス界でも中国への注目度が高まった。中国側のベンチャー各社が投資を集める目的から話をフカし、ときには荒唐無稽な内容さえも日本に伝わったことがその一因だったが、この熱気は二〇一九年までには冷め、やがて倒産ラッシュが伝えられた（結果、痛い目を見た日本人も少なくない）。

一九八〇年代後半以降の中国で、さまざまな気功流派が雨後の筍《たけのこ》のように現れ、それぞれがまたたく間に公称数千万人もの修煉者を獲得した現象も、これと似たところがあった。当時は六四天安門事件の前後にあたり、社会不安が増していた時期だ。また、庶民には中国の医療体制に対する根強い不信感が存在し、病院や薬に頼らず体調の改善を図る方法として、身体ひとつあればできる気功は便利だった。いっぽうで気功流派の側も、より多くの人の耳目を集めるために、荒唐無稽な伝説を数多くフカしてみせたのである。

そんな中国の気功狂騒曲の舞台に、やがて最後にして最大の大物が登場する。吉林省出身の元軍人・李洪志が一九九二年に創始した「法輪功」であった。

急成長するベンチャー気功集団

李洪志は一九五二年、吉林省公主嶺《ゴンヂュウリン》市で生まれた。幼少時から仏教の全覚大師、道教の八極真人や真道子といった道教・仏教の先達から教えを授けられ、八歳にして神通力を備えていた——と、法輪功側の資料はそう記す。

さておき、現実の李洪志は高校卒業後の一九七〇年に人民解放軍に加わって七八年まで勤務し、その後に森林警察総隊の宿泊所スタッフ、長春市糧油公司のガードマンなどを務めながら気功をはじめ、一九九二年五月から法輪功の普及活動を開始した。長春市で立ち上げた法輪功研究会の副会長四人に中国共産党員を任命するなど、当初から元軍人としての人脈や社会的信用を活用していたようである。

一九九三年に著書『中国法輪功《チョングォファアルンゴン》』を出版し、やがて法輪功は政府系の業界組織である中国気功科学研究会から直属功法に認定される。法輪功は順調に修煉者の数を伸ばし、一九九四年末に李洪志が出版した『転法輪』は一〇〇万部以上のベストセラーになった

(『転法輪』は現在にいたるまで法輪功の内部ではほぼ教典として扱われている)。

一九九九年に中国共産党と決裂する直前までに、法輪功は中国国内だけで公称一億人の修煉者を集めるにいたった。設立からわずか七年で、中功や香気功などの先輩格の流派を追い抜き、共産党に匹敵する規模の結社を作り上げたことになる。

「当時の中国は、古い伝統が破壊されたけれど社会主義体制も信じられない。しかしカネ儲け主義（向銭看《シャンチエンカン》）の人生は虚しい――。ゆえに法輪功に惹かれた人が多かったのです。都市部の知識人層の人気が高く、党中央の幹部や軍高官からも修煉者が生まれていました」

とは、前出の小林の弁である。

確かに当時の中国では、文化大革命と天安門事件、ソ連や東欧の社会主義圏の崩壊などを受けて、それまで国家をたばねてきた共産主義や毛沢東思想のイデオロギーが大きく色あせていた。いっぽう、社会主義市場経済が端緒についたばかりの社会はまだ貧しく、現在のように祖国を繁栄させた中国共産党が庶民の信頼を得る構図も生まれていなかった。法輪功が人々の心の隙間を埋める役割を果たしたことは確かだろう。

法輪功は修行が簡単で、健康増進に役立つ。しかも代表者の李洪志の考えをすべて受け入れれば、他の難しいことを自分の頭で思考する必要はなくなる。見ようによっては、非常に「楽」ができる教えだったのだ。

聖書の意味がすべてわかった

法輪功の特徴は、身体動作である気功に加えて、宗教的な精神修養の側面がかなり強いことだ。

彼らの公式ホームページ『法輪大法』（日本語版）は、法輪功を「高いレベルの佛家修煉大法」だと述べる。気功を通じて「宇宙の最高特性である「真、善、忍」に同化すること」を目指すのだ。修煉者が正しい方法で修煉を積むと、体内で霊性を持つ高エネルギー体「法輪」が回転しはじめ、真理により近づいた特別な存在になれる――、とも信じられている。

法輪功の修煉者である中国系日本人の小林（前出）は「師父の『転法輪』を読んで、聖書の本当の意味がすべてわかってしまった」と語る。中国国内にある彼女の実家は、もともと一族ぐるみで三自委員会（第五章参照）系のプロテスタントを信仰していたが、まず母が法輪功の修煉者になった。やがて、当時は日本留学中だった彼女を含めて、家族・親族ぐるみで法輪功に改宗することになった。

「仏法もキリスト教もイスラム教も、ひとつの真理をベースにして作られた教えです。『転法輪』にはこの真理が書かれていた」

一族のなかでも特に叔父が熱心で、法輪功の書籍をすべて暗記するほどだった。法輪功の修煉者は神秘体験を味わうことが多いとされるが、なかでも小林の叔父は感受性が強いタイプだったのか、多くの体験をしている。

「坐禅を組んでいたとき、目の前に自分の前世と前前世が見えたというんです。前世は宋の時代に生きる、背が低く醜い男だった。認めたくはないが、これは認めざるを得ない真実だった。全身の毛穴が口と化して否定の言葉を発したとしても否定できないことだった、と」

ちなみに日本の伝統的な禅宗の宗派である臨済宗や曹洞宗でも、坐禅をおこなうなかで幻覚や幻聴、時間・空間感覚の歪《ゆが》みを感じたり、浮遊感を覚えたりする神秘体験は起こり得る。坐禅指導をおこなった僧侶が、参禅した一般人から「光を見た」「仏様が心に浮かんだ」といった話を聞かされるケースもさして珍しくない。

ただし禅宗では、この手の神秘体験は錯覚や虚妄として強く排除される（むしろ、本来の禅の道から外れた「魔境《まきょう》」に堕したものであり、師家《しけ》〔指導僧〕による適切な矯正が必要だとみなされる)。ついでに言うと、悟っていないのに悟ったと思い込むことや、自身の悟りを理由として他者に傲慢な態度を取ったりすることも、禅宗の各宗派では邪《よこしま》な野狐禅《やこぜん》として嫌われる。

――いっぽう、法輪功は修煉や坐禅で感じる神秘体験を肯定的にとらえる。

たとえば小林の体験はこうだ。

「法輪は頭で回ることも、へそのところで回ることもある。人によって回る場所は違う。私の場合、最初に法輪を見たときは、身体の半分が暑く半分が寒いという特別な感覚でした。二回目に法輪を見たときは、非常に落ち着いた気持ちがした。全身が熱くなり、法悦の静かな喜びを感じられました」

そもそも法輪功は、他の流派と比べて身体動作が簡素化されており、日常生活のなかでもトレーニングができる「楽」な気功だ。ゆえに、複雑なポーズを取ったり、山ごもりや寒稽古のようなハードな修行をおこなったりせずとも、修煉者が簡単に真理に到達してスーパーマンになれる――少なくとも当事者はそう感じられる教えだった。小林は続けて話す。

「法輪功では〔比較的簡単に〕ものすごい神秘体験ができてしまう。得るものが大きすぎるため、自分が特別な人間だと勘違いする人も少なくありません。そうした傲慢さを乗り越えることも修行です」

だが、自分たちだけが宇宙の真理に触れた者であるという一種の選民思想を抱き、法輪功や李洪志への批判に狭量な怒りを示す修煉者も少なからず存在したことが、やがて彼らが中国国内で迫害を受ける一因を作っていくことになる。

中南海包囲と「反共化」

法輪功の急激な成長や宗教的色彩の強さ、李洪志への個人崇拝的な傾向などは、徐々に当局の不信感を招くようになった。やがて一九九〇年代後半に入ると、当局と法輪功の関係は明らかに緊張をはらんだものに変化する。

一九九六年七月、中国のニュースや出版事業を管轄する新聞出版総署が「『中国法輪功』など五書籍を即時に回収することについての通知」を発表。「気功修煉に名を借りて迷信とニセ科学を宣伝したこと」を理由に、李洪志の著書である『中国法輪功』や『転法輪』の全国的な回収・発禁を命じた。また同年十一月には、中国気功科学研究会が法輪功の会員資格を剥奪。法輪功は国家のお墨付きを失うこととなる。

　こうした当局からの警告に対して、法輪功の反応は悪手だった。通常、中国（特に習近平政権成立前の中国）で特定の組織や社会運動が弾圧を受ける前には、当局側から著書の発禁や末端構成員の逮捕といった小規模な警告メッセージが何度も発せられる。この手の風向きの変化を感じ取ったときは、しばらくの期間は活動を不活発化（低調《ディーディヤオ》）させ、激しい嵐をやり過ごすのが中国社会で生き残る正しき作法だ。しかし、プライドの高い法輪功修煉者たちは、なんと真正面から抗議して戦う道を選んだ。

　磯部靖（現、慶大准教授）の論文「法輪功事件と中国の社会的安定性に関する一考察」によれば、一九九六年八月に『光明日報《グァンミンリーバオ》』を包囲した事件以来、一九九九年十一月までに法輪功の修煉者が三〇〇人以上を動員した抗議行動は七八回に及んだという。たとえば、『南方日報《ナンファンリーバオ》』『中国青年報』『重慶日報《チョンチンリーバオ》』『銭江晩報《チエンジャンワンバオ》』などの全国各地の新聞社、北京電視台や瀋陽電視台などのテレビ局、さらには遼寧省・江蘇省・江西省・天津市の共産党委員会や地方政府にも集団で抗議に押しかけたことが確認されている。

　かつて日本でも一九九一年、新宗教団体「幸福の科学」が、批判的な報道をおこなった講談社をターゲットに、大量の抗議電話やＦＡＸ送信を続けたり本社に対する集団抗議をおこなったりした例がある。法輪功の抗議行動はこれ以上に大規模であり、李洪志が一九九八年ごろにアメリカに移住した後も止まらなかった。

そして、六四天安門事件からちょうど一〇年目にあたる一九九九年四月二十五日、法輪功修煉者一万人が、政府中枢がある北京の中南海《チョンナンハイ》を包囲する事件（四二五事件）が起きる。彼らの代表者は政府側との対話のなかで、拘束中の修煉者の釈放や法輪功の活動の承認を主張。残る多数の群衆は無言で『転法輪』を読んだり修煉をおこなったりしていたが、公安側の解散命令には従わなかった。同日夜十時ごろ、抗議行動はやっと終了したという。

前出の小林の叔父はこの活動に参加していた。

「朝、最初は数人が集まっていたのが、いつの間にか人がどんどん増えた。組織的なものではなく、北京の法輪功学習者が自発的におこなったものだといいます。叔父は「法輪大法好《ファアルンダーファアハオ》（法輪大法は素晴らしい）」と書いた長い布の片方に石を結び、北京じゅうの街路樹にぶら下げて回ったそうです」

中南海包囲が組織的におこなわれたかを判断できる客観的な資料は少ない。さておき確実なのは、当時の江沢民《こうたくみん》政権が激怒し、事前に当局に察知されることなく一万人を動員した法輪功の組織力に深刻な脅威を覚えたことだった。

約三ヵ月後、周到に準備を整えた当局によって全国的な一斉取り締まりが開始され、公安部は李洪志を指名手配。さらに法輪功の根絶を目的にした法整備が進められ、十月末には中国の国会に相当する全人代常務委員会が、法輪功を「邪教」と定義する取り締まり方針を決議する。

中国ではその後も数年にわたって「邪教」追放の大キャンペーンが張られた。その余波は現在まで続いており、アムネスティなどの国際機関が法輪功修煉者への人権侵害に懸念を示す要因となっている。いっぽう、二〇〇一年一月には、天安門広場で修煉者七人が抗議の焼身自殺を図り、うち二人が死亡する事件が起きた（法輪功側は自分たちとは無関係だと主張している）。

九評共産党から新型コロナ・デマへ

一連の騒動を経て海外に拠点を移した法輪功は、しばらく政治的な意思表明を控えめにしていた。だが、二〇〇四年十一月十八日に機関紙『大紀元』が「九評共産党《ジョウピンゴンチャンダン》」（共産党についての九つの論評）と題した社説を掲載したことで方針を大きく転換する。

これは一九六三年の中ソ対立の際に党機関紙『人民日報』が掲載した社説「九評蘇共《ジョウピンスーゴン》」（ソ連共産党についての九つの論評）の体裁を模したもので、政権奪取前の延安時代以来の中国共産党のありかたを徹底的に批判したものだ。

筆鋒は非常に激烈である。たとえば「九評共産党」の第四評「共産党は宇宙に反する」の冒頭部を引用してみよう。

中国人は「道《どう》」を極めて重んじる民族である。古代、暴虐な帝王は「非道で愚かな君主」と呼ばれ、人が何事かをなすとき、世の人々の認める「道徳」基準に合わない場合は「道理に合わない」と言われた。更には、農民の造反でさえ、「天に代わって正義の「道」を行う」というスローガンが掲げられた。

しかし、この百年来、共産党の亡霊が大きな音を轟かせて侵入してきたことにより、自然に背き、人間性に背く力が形成され、無数の苦痛と悲劇が生み出され、人類の文明は絶滅の瀬戸際にまで追いやられてしまった。その「道」に反する諸々の暴行は、自ずと天地にも反するものであり、従って、それは宇宙の法則にも反する極悪な勢力となった。

これは「宇宙に反する」存在である中国共産党に対して、法輪功が総力をあげて闘争する宣言をおこなったに等しい。

事実、法輪功は二〇〇五年二月、中国共産党からの脱退を進める世界的なサービスセンターである「全《チュエン》球《チョウ》退《トゥイ》党《ダン》服《フー》務《ウー》中《ヂョン》心《シン》」の設立を発表。同センターのホームページによると、本書執筆中の二〇二〇年末までに、全世界で延べ三億七〇〇〇人以上が「三《サン》退《トゥイ》」（中国共産党・共産主義青年団・少年先鋒隊の体制側三組織からの脱退）を果たしたと主張している。

また、「九評共産党」の発表を契機に、法輪功は傘下の機関紙『大紀元』、テレビ局『新《シン》唐《タン》人《レン》電《ディエン》視《シー》台《タイ》』、ラジオ局『希《シー》望《ワン》之《ヂー》声《ション》』、さらに実質的に編集方針への影響力を持つ在外中国人の民主派の新聞『看《カン》中《ヂョン》国《グォ》』などの傘下メディアを通じて中国共産党批判の大論陣を張り、街頭デモやビラ配りを世界中で繰り返すようになった。

「敵（中国共産党）の敵は味方」というわけで、中国民主化運動や少数民族の民族運動、香港デモなどにも盛んにコミットしている。在外中国人の民主活動家たちにとって法輪功は賛否が分かれる存在であり、「輪子《ルンヅ》（法輪功の蔑称）は共産党と仲が悪いだけで独裁体制は似たりよったり」と毛嫌いする人から、法輪功の傘下メディアを通じて華人世界の世論に影響力を与えられる点を重視して、積極的に『新唐人』などに登場する人までさまざまである。

法輪功系のメディアは、中国のセンセーショナルな情報を多数報じることでも有名だ。ただ、これは中国国内に残った法輪功修煉者を通じて得た情報だと思われるのだが、たとえば二〇〇五年八月に四川省での「エボラ出血熱発生の疑い」を伝えるなど、誤報やフェイクニュースもかなり多い。情報の正確性よりも中国共産党に打撃を与えることを重視する編集方針なのである。

こうした法輪功系メディアの特徴が悪い意味で世間に影響を与えたのが、二〇二〇年の新型コロナウイルス禍だった。

新型コロナについて「ウイルスは人工的に合成された生物兵器」だとする非常に有名な陰謀論がある。これはもともと、統一教会（世界平和統一家庭連合）がアメリカで発行している『ワシントン・タイムズ』が二〇二〇年一月二十四日に言及したことがほぼ発端だ。その後も複数のロシア系フェイクニュース・サイトや亡命中国人の大富豪・郭《グオ》文貴《ウェングイ》（コラム②参照）が運営するプロパガンダ・メディア『郭媒体《グオメイティイ》』など、世界各国の怪しげな情報源を通じて唱えられ続けてきた。

しかし、この陰謀論が日本で大きく広がる契機になったのは、日本語版サイトを持つ『新唐人』や『大紀元』が人工ウイルス説を紹介した同年二月半ば以降のことである。法輪功系メディアは一見、果敢にタブーに切り込んで客観的な中国情報を流している国際メディアのように見えるだけに、その情報が事実関係を無視したプロパガンダであることを知らずに影響を受ける日本人が続出した。

もちろん、新型コロナウイルスの起源については、二〇二〇年五月にアメリカのトランプ政権が武漢ウイルス研究所からの流出説を主張するなどしている。個人的には、この主張も決して妥当性が高いとは感じないのだが、さりとて流行の発端において中国当局になんらかの責任があった可能性はゼロとは言えまい。ただ、人民解放軍が生物兵器目的で開発した人工ウイルスがバイオハザードを起こすことと、アメリカ政府の主張のように研究所内で保存されていた天然のコウモリ由来のウイルスが管理上の不備から外部に漏れることとでは、話の内容に雲泥の差がある。

法輪功のなりふり構わぬ反共情宣作戦が、コロナ禍のなかで日本にも思わぬ影響を広げてしまったというわけだ。

「中国のオウム」は事実か

現在、法輪功の教えは世界五〇ヵ国以上に広がり、修煉者数は一億人以上いる（ともに公称）。また小林によると、日本国内の修煉者はネイティブの日本人が二〇〇〇人程度で、日本国籍取得者を含む在日華人系の修煉者が数千人だ（さらにベトナム人も相当数おり、中国人と日本人に次ぐ第三のグループを形成している）。

事実、中国の人権問題に関心があったり、中華料理店巡りを趣味にしたりする人にとって、法輪功の存在を感じる機会は多い。たとえば日本では、中国民主化運動の集会や香港デモ支援活動、ウイグル族の民族運動デモといった中国政府にとって都合の悪い政治運動に際しては、かなり小規模な集まりでも『大紀元』や『新唐人』の記者が取材にやってきている。さらに終戦記念日の靖国神社付近など、右派系・反中国系の政治勢力が街頭アピールをおこなう場所でも法輪功関係者の姿がしばしば見られる。

店内に『大紀元』を山積みにしている法輪功系の中華料理店も、よく観察すると意外と多い。他ならぬ私自身、日本国内で最初に法輪功の関係者と接したのは広島大学の大学院で学んでいた二〇〇五年のことであり、これは東広島市内にあった長城飯店という中華料理店（現在は閉店）の経営者夫婦が法輪功の熱心な修煉者だったためだ。

いっぽう、こうした法輪功の広がりに対して、中国政府は徹底した弾圧姿勢を取っている。中国国内で取り締まりを受けている新宗教を知るのには便利な『中国反邪教《チョングオファンシエジャオ》網《ワン》』という公安部系のサイトも、もとは中国政府が「邪教」である法輪功の害を世間に知らしめるために作ったものだとみられる。

中国政府の姿勢は、たとえば以下のような文書からも想像がつくだろう。

「法輪功」とは、いったい何か。一口で言えば、中国の「オウム真理教」です。その教祖は現在アメリカにいる李洪志という人物です。「法輪功」も「オウム真理教」も他のカルト集団と同様ですが、教義や教祖への絶対服従と絶対崇拝を要求し、信者にマインドコントロールを施すのです。

「法輪功」の教祖である李洪志はまず「善良」を看板にして、「心を修練し、体を鍛える」、長期にわたって「法輪功」を修練すれば、「薬なしで病気を癒し、健康になる」などと口説いて入門させます。続いて彼の書いた「経書」を読ませ、さらに、「地球は爆発する」など「世界の終末説」をばら撒き、教祖のみが世界を救い、「人を済度して天国に行かせる」と唱え、信者たちを恐怖のどん底に陥れて狂乱させます。その結果、信者は教祖に絶対服従するようになり、善悪の判断能力を失い、己を害し、他人を害するなど、極端な行動に走ってしまいます。

事実が物語っているように、「法輪功」は日本国民に嫌われる「オウム真理教」と同様に、人権を踏みにじり、社会に危害を与える紛れもないカルト教団そのものです。中国政府は信教の自由を尊重します。しかし、他の国と同様に、カルト教団に対しては決して座視することは出来ません。国民の強い要望に答え、法に基づいてカルト教団である「法輪功」を取り締まり、厳しく打撃を与えることは、国民の生活と生命安全を守り、正常な社会秩序を維持するためなのです。

「「法輪功」とはなにか?」『中華人民共和国駐日本国大使館』ＨＰ

日本人に拒否感が強いオウム真理教の名前を出している点からも、なんとしてでも法輪功の悪印象を広げたい当局の意向が見て取れる。もっとも、過剰な修辞を用いて政治的な敵対者を攻撃するのは、中国共産党のいつもの方法だ。

ただし、中国当局の意見は無視して考えるとしても、法輪功は「カルト」であるかという問いに回答することは意外と難しい。

ちなみにカルトとは本来、社会にまだ馴染んでいない比較的小規模な宗教集団を指す言葉だ。ただ、日本語で一般的に用いられる「カルト」は、こうした宗教集団のなかでも特に「人間や社会に対して破壊的な結果を及ぼす悪い宗教」（＝破壊的カルト）を指す狭義の概念として定着している（浅見定雄『なぜカルト宗教は生まれるのか』）。

法輪功はオカルト色の強い主張が目立ち、〝狂信的〟と表現してよさそうな熱心な支持者を多数集めているので、ひとまず広義の「カルト」だとは言える。法輪功は中国国内に拠点を置いていた期間よりも、海外で反共化してからの期間のほうがすでに長く、政治的な反共イデオロギーが宗教的教義となかば一体化している。奇妙な教えを掲げている集団であることは間違いない。

また、組織への批判を過剰に嫌がり抗議をおこなうこと、一部の修煉者の押し付けがましさなど、外部の人間にとっては「不快」や「迷惑」に感じられる部分も多い。特に傘下メディアを通じて新型コロナ問題をはじめとするフェイクニュースをしばしば流布している点は、問題が大きい。

とはいえ、オウム真理教のような破壊的カルトとまで言えるかは判断に悩む。過去に法輪功がテロを計画した形跡はなく、脱会者へのリンチ、財産の巻き上げなどの話もほぼ聞かない。焼身自殺による非暴力的抗議運動も、かつての南ベトナムや現在のチベットの僧侶など、政治的に追い詰められた東洋人の宗教者の行動としてはそこまで奇異ではなく、焼身抗議だけを根拠に破壊的カルトであるとは断じられない。

小林によれば、日本国内の法輪功の財政はかなり厳しく、『新唐人』の日本法人もスタッフが手弁当で運営する形だという。修煉で金銭を取ることを禁じているため、本章の冒頭で紹介した新橋の集会も、もちろん参加費は無料だった。

「特に日本人の場合は、二〜三回参加して気功の方法を知ったら、「あとは家でできるから」と、来なくなる人も多いんですよね」

事実、新橋の集会は開始時間を一時間以上過ぎてから参加する人や、坐禅中に携帯電話の着信に応答する人がいるなど、全体的にゆるい雰囲気だった。オウム真理教や往年の新左翼セクトのような苛烈さはなく、武装蜂起を扇動する説法や莫大なカネが動く集金イベントがおこなわれているわけでもない。在日華人の間では、日本で職や家庭を得た息子や娘に呼び寄せられる形で日本国内に生活拠点を移した中国人高齢者が、中国語で会話できて居心地がいいことから法輪功にはまる例が多く見られるのだが、それは法輪功が持つ「ゆるさ」と平和性ゆえだろう。

来る者は狂信的な支持者になることもあるが、去る者は無理に追わず、カネも取らない。彼らは広義のカルトだが、破壊的カルトとまで呼ぶのはやや違和感がある。

——最後に後日談を書いておきたい。

法輪功の修煉に加わった翌朝、起床した私は、長年の職業病である腰痛と肩こりがなぜか完全に消えていることに気付いた（本当である）。さすがに体内で霊的エネルギーの法輪が回る感覚はなかったが、不思議なほど体調良好で、身体のバネがまるごと入れ替わったような清々しさがあった。

運動不足だった私が、三時間もかけて「ラジオ体操」をおこない続けたことが理由だろうが、驚くべき効き目である。もっとも翌日の午後には効果は消え、身体にいつもの憂鬱な重みが戻ってきた。

部外者の目にはオカルト的に映る教義と、強すぎる反共イデオロギーや李洪志への個人崇拝をすべて無視してしまうならば、体調管理のために法輪功を習ってみるのも悪くないのでは――？　だが、小林に聞いた話では「健康だけを求めても（本当の）効果はない」という。

法輪功は、荒唐無稽な神秘主義教団・プロパガンダに長けた反共政治集団・のほほんとした健康サークルという三つの顔を持ち、それらは互いに不可分の関係にある。これらの矛盾した側面をすべて違和感なく受け入れられるようになったときにこそ、私の目にも回る「法輪」が見えるのかもしれない。

第五章

全能神

キリストは中国人女性に転生した？

「私たちはただ、神様を信じ、神様に付き従います」

二〇二〇年一月、年明け早々の新宿駅前の喫茶店で、私はそう話す若い女性三人と向き合っていた。中国安徽省出身の李《リィ》が三十二歳で、湖北省出身の程《チェン》が三十一歳。さらに日本人の父と中国人の母を持つ日本国籍の女子大生・佐藤が二十一歳だ。李の中国語は訛りが強くて聞き取りにくいが、三人とも言葉遣いが丁寧で、服装や立ち居振る舞いも清潔感を感じさせる。

それもそのはずだ。彼女たちは敬虔なクリスチャンだからである。

——少なくとも、本人たちはそう信じている。

三人が信仰しているのは「全能神《チュエンナンシェン》」という、中国発のキリスト教系の新宗教だ。ほかに東方閃電《ドンファンシャンディエン》(イースタン・ライトニング)や実際神《シィジーシェン》など複数の異名がある。キリストが一九九〇年代に中国東北部のある中国人女性として受肉し、この世に再臨したとする特異な教義を掲げているのが特徴だ。

中国における全能神は、この約四半世紀を通じて農村部を中心に拡大してきた。本来、中国のプロテスタント教会は中国基督教三自愛国運動委員会（三自委員会）と呼ばれる組織のもとで共産党体制に協力する形で統合されているのだが、これに属さずに民間の「家庭教会《ジャーティンジャオフィ》」（家の教会）で信仰を継続する信者も相当数いる。全能神はこうした家庭教会のなかから教義が変化して生まれ（後述）、主にプロテスタント信者たちを取り込む形で成長してきた。

たとえば、私が新宿で取材した李の実家はもともと三自委員会系、程の実家は家庭教会系の信仰を持つプロテスタントだったが、双方とも家族ぐるみで全能神に改宗したという。彼女らは言う。

「全能神の教えはより具体的かつ現実的で、他の教派よりもレベルが高くて優れていると思ったんです。入信後に病気も治りました」

「人はみな罪をつぐなう過程にあります。全能神では、そのことをより簡単に理解することができました」

そんな全能神は中国共産党による激しい弾圧を受けている。なぜ、本来は家庭教会の一派だった教えから、中国におけるキリストの再臨を主張する不思議な新宗教が生まれたのか。そして、いかなる経緯で当局から弾圧の対象とされるに至ったのか。この章で詳しく見ていこう。

プロテスタント系「秘密結社」

全能神が二〇二〇年二月二十四日付で発表した年次レポートによれば、二〇一九年の一年間に中国国内でなんらかの迫害を受けた信者は三万二八〇五人に及び、うち六一三二人が逮捕された。そのなかの三八二四人が拷問を受け、一九人が迫害死したという。ゆえに全能神の信者たちは地下活動を余儀なくされ、個人宅など隠れ家的な場所でひそかに集会を続けてきた。李によれば、教義の布教すらも「知人や家族の間で、信頼できる相手だけに伝える」形だった。第四章の法輪功と同じく、全能神もまた、中国国内では非常に「秘密結社」めいた存在だ。

「通信を監視されているので、微信《ウェイシン》(中国で普及しているチャットアプリ)や電話は、緊急時以外は使わない。信者同士の通信は、前もって決めた場所に連絡係が手紙を置くなどしています」

李と程も、家族や近い親族が迫害されたことで日本に逃れ、取材当時は難民申請中だった。彼女らは話す。

「中国政府に対する表立った抗議運動などはおこなっていません。教会では政治への参加も暴力も禁じられているからです」

「チベット仏教徒や法輪功のような焼身自殺による抗議行動は絶対におこないません。自分の身体を傷つける行為はよくないし、なにより当局にいっそうの迫害をおこなう口実を与えてしまうことになるからです」

取材時、二〇一四年に全能神信者が起こしたと報じられている山東省招遠《しょうえん》市マクドナルド殺人事件（後述）の「真相」を説明するという中国語と日本語の資料を大量に手渡されたのは、ちょっと面食らった。だが、佐藤や李たちに、新宗教の信者にまま見られる押し付けがましさはなく、その後の記事執筆（『中央公論』二〇二〇年三月号への寄稿）にあたって口出しを受けることもなかった。原稿の掲載前に検閲まがいの介入をおこなう企業や著名人も珍しくないなか、かなりおおらかな姿勢である。

顔を合わせて話した印象と、その前後のやりとりから、控えめで行儀がいい彼女たちに私は好感を覚えた。

中国の「邪教」筆頭へ

もっとも、全能神は現在、中国国内でも有数の「邪教《シェジャオ》」として知られている。まずは中国公安部の内部資料とされる「邪教「実際神」の活動情況および工作要求」(二〇〇一年三月六日付)から、当局が把握している全能神の性質について見ていこう。

邪教「実際神」(またの名を「全能神」)は黒龍江省の元「呼喊派《フーハンパイ》」幹部メンバー趙維山《ヂャオウェイシャン》が一九八九年に創設した。趙はかつて一九八九年に黒龍江省阿城《アーチェン》市(現・ハルビン市阿城区)に「永源教会《ヨンユエンジャオフイ》」を違法に建て、「能力主《ナンリーヂュウ》」を自称し、一〇〇〇人近い群衆をペテンにかけていたことがある。

一九九一年にかの組織が現地の公安機関によって法に則った取り締まりを受けた後、趙維山はまた(組織名を)「全権《チュエンチュエン》」に改称して河南省などに潜伏、「「能力主」の時期はまもなく終わる、イエスはふたたび肉体をともなって姿を現した。(再臨にあたり)女性であることを選んだ、すなわち「実際神」である」といったデマを広め、「実際神」の組織を設立し、その活動は黒龍江省・河南省・広東省・江蘇省・江西省などの一〇あまりの省や直轄市に及び、万を超える群衆をペテンにかけている。

「邪教「実際神」活動情況及工作要求（絶密）」『中国宗教迫害真相調査委員会』

文書に出てくる「呼喊派」（欧米圏の呼称は「シャウターズ」）とは、中国の家庭教会から生まれた神秘主義的な傾向が強いプロテスタントの教派だ。敬虔な信徒たちが「阿門《アーメン》（アーメン）」「哈利路亜《ハーリールーヤー》（ハレルヤ）」などと神を称える言葉を呼喊《よびさけ》ぶことでこの名で呼ばれ、文化大革命からほどない一九八三年の時点で、はやくも当局から「邪教」認定を受けた（第六章参照）。

全能神の事実上の創始者・趙維山は、この呼喊派の影響を受けて全能神を立ち上げている。

全能神の教義の特徴は、キリストが中国人女性として再臨したとする信仰に加えて、神が人類を救済するいとなみを「神三歩作工《シェンサンブーヅォゴン》」（神のはたらきの三段階、三歩工作《サンブーゴンヅォ》）と呼び、人類の歴史を律法《リュイーファア》・恩典《エンディエン》・国度《グオドゥー》の三時代に分ける独自の世界観を持つことだ。

すなわち、天地創生をおこなったエホバ（ヤハウェ）の時代が「律法の時代」、ナザレのイエスが布教活動をおこなって以降が「恩典の時代」、そして女性の形を取ったキリストが中国に復活してからが「国度の時代」で、やがて全能神である女基督《ニュイジードゥ》（女キリスト）がサタンとの戦いに勝利して人類を救済するという歴史認識である。

さらに全能神は、「恩典の時代を担ったイエスは、人びとに贖罪《しょくざい》と愛の教えを説いたがために、最終的にサタンとの戦いに勝利をおさめることができなかった」「国度の時代は、神による征服事業であり、サタンに勝利するために人びとは女基督に服従しなければならず、自分（＝女基督）に従う者のみが最後の審判をまぬがれることができる」と考える終末観を持つとされる（『結社が描く中国近現代史』）。

そんな全能神が、中国国内で「邪教」として明確に定義づけられたのは一九九五年である。ちょうど、第四章で紹介した厳新気功《イエンシンチーゴン》や中功《ヂョンゴン》・法輪功《ファアルンゴン》などの気功の各派が活動を制限されはじめた時期であり、中国当局はここで、一九八〇年代から社会を席巻していたオカルトブームにケリをつけるべく「邪教」の締め付けを開始したとみていい。

一九九五年十一月、中国共産党中央弁公庁と国務院公庁が出した「『公安部の〝呼喊派〃などの邪教組織の調査取り締まりに関する情況および工作意見」の転載発令に関する通知」において、呼喊派とその系統の新宗教である常受教《チャンショウジャオ》・中華大陸行政執事《ヂョンホアダールーシンヂェンヂーシー》站《ヂャン》・能力主《ナンリーヂュウ》・実際神（＝全能神）、さらに門徒会《メントゥフイ》・全範囲教会《チュエンファンジャオフイ》・霊霊教《リンリンジャオ》・新約教《シンユエジャオ》会《フイ》・主神教《ヂュウシェンジャオ》などのキリスト教系新宗教と、東洋思想系の観音法門《グアンインファアメン》の合計一一団体が名指しで「邪教」指定を受けた。

この時点では、中国当局はむしろ呼喊派の取り締まりに重点を置いていたとみられる。しかし、当局がその後に「邪教」リストを更新していくたび、全能神に対する当局のマークは強まっていく。

やがて山東省で全能神関係者によるマクドナルド殺人事件（後述）が発生した直後の二〇一四年六月四日、当局系の団体とみられる反邪教聯盟によって最新の「邪教」リストが発表され、全能神はこのときから筆頭格の扱いを受けることになった。

今世紀に入るころから、中国共産党は「邪教」問題を、新疆やチベットの少数民族独立運動と並ぶ、体制の安定を揺るがす警戒対象であるとみなしている。また、一九九九年の中南海包囲事件（第四章参照）以来、中国ではながらく法輪功が「邪教」の代名詞的存在だったが、二〇一四年六月以降は全能神がこれに取って代わるようになった。

マクドナルドで勧誘拒否の女性を撲殺

現在の中国当局の全能神に対する認識も、当然ながら非常に厳しい。

たとえば、やはり当局系のサイトと見られる『反全能神聯盟網《ファンチュエンナンシェンリエンモンワン》』に二〇一九年五月三十一日付で発表された「全能神邪教を防ぐハンドブック」は、全能神が「『世界の終わり』などのデマをばらまいて恐怖のムードを作り出し」、「信徒を扇動して肉親の情を捨てさせ社会から遊離させ、少なからぬ家庭を滅茶苦茶にし、甚だしくは罪なき人間を惨殺して」いる凶悪な破壊的カルトであると再三強調する。

この文書いわく、全能神の主要な害悪とは、暴力による殺人、全財産の寄付、信者と連絡がつかなくなる、家族の崩壊、中国共産党と中華人民共和国政府に対する攻撃、正統な宗教の破壊……などである。なかには、全能神信者の母親が宣教の邪魔だからと生後三ヵ月の娘を殺害した、信仰のために家庭から失踪して一五年が経過した、全能神信者になった母親が子どもを勘当したなど、非常に陰惨なエピソードも数多くみられる。

もっとも、中国共産党が政治的な敵対者に対して、多分にデマを交えた徹底的な中傷を展開することは、往年の反日デモの際の日本企業バッシングなどでもお馴染みだ。

『反全能神聯盟網』の主張は、相当な脚色が施されている可能性が高く、充分に注意して読む必要がある。

——しかし、事実だとみられる過激な事件も起きている。

その代表例が、二〇一四年五月二十八日に全能神の信者を名乗る男女が起こした「山東省招遠市マクドナルド殺人事件」だ。まずは報道をベースに事件の概要を見ておこう。

山東省煙台招遠市内のマクドナルド店内で5月28日、男女6人が女性を取り囲んで殴り続けて殺害した事件で、中国の警察当局は同月31日、「容疑者6人はカルト集団の構成員だった」と発表した。容疑者6人と殺害された女性に面識はなく、勧誘のために電話番号を聞かれたが拒否されたことで暴行が始まったとされる。中国メディアは6人が所属していたとされる新興宗教集団「全能神」の危険性を強調する記事を配信しつづけている。

事件発生は5月28日夜。殺害されたのは今年36歳になる女性の呉碩燕さん。夫と7歳の息子、夫の母と暮らしていた。28日夜には市内のマクドナルド店で夫と息子とともに食事をした。その後、夫は息子を遊ばせるために、先に店を出た。呉さん

1人が店に残った。「惨劇」は約20分後に発生した。

店内にいた「全能神」の信者である男女6人が、呉さんを入会させようと勧誘。電話番号を尋ねたが、呉さんは応じなかった。すると6人は呉さんを囲んで殴り始めた。店関係者や他の客が止めようとすると、殴りかかられたという。

警察官が駆け付けた時、6人は呉さんを引き倒して、全身をけったりアルミ製のパイプで頭部を殴りつけていた。6人は警察官にも殴りかかるなどで抵抗した。応援の警察官が多数駆けつけ、近くの大型店舗の警備員も協力して、6人を取り押さえた。呉さんは病院に搬送されたが死亡した。

容疑者6人のうち成人の男は1人で、娘2人と未成年の息子、さらに家族関係はない女2人。警察は刑事責任を問えない未成年者1人を除く、5人の身柄を拘束した。

警察によると、6人は同じ家に住んでおり、周辺住民への聞き込みにより、5月28日の事件発生以前に、犬を殴り殺すなどしていたことが分かった。また、住んでいた家の壁に貼っていたボードには「残殺」、「虐殺」、「なぐれ」などの文字が残されていた。

『サーチナ』「マクドナルド店内撲殺事件で中国各メディアが〈反カルト〉記事掲載」
二〇一四年六月二日
※原文の明らかな誤字脱字は修正した

中国国内の他の報道によれば、全能神の信者である六人の男女がマクドナルドの店内で客たちに無差別に電話番号を聞いてまわり、それに応じなかった被害者女性（三十七歳とする報道も多い）を、突然「邪霊」であるとして撲殺したとされる。犯人グループの主犯格は五十代の男・張立冬《ヂャンリードン》で、さらに彼の娘の張帆《ヂャンファン》と張航《ヂャンハン》、息子の張《ヂャン》某（未成年）、女性の呂迎春《リュイインチュン》、張巧聯《ヂャンチャオリエン》らであった。また、これらのうち若い女性メンバー二人（張帆・呂迎春）は、グループ内で「神の化身」であるとみなされていた。

逮捕後、張立冬は自身が過去七年来の全能神の信者であることを認め、国営放送CCTVはその証言を大きく報じた。他のメンバーが全能神の書籍を読んでいたことも明らかにされた。その後、裁判を経て二〇一五年二月に主犯の張立冬とその娘の張帆に死刑が執行され、残る成人三人にも終身刑を含む懲役刑が下された。

当局の「邪教」摘発キャンペーン？

もっとも、事件については中国国内メディアの報道をベースにせざるを得ず、情報に強いバイアスがかかっている可能性がある。念のために別の見解も紹介しておこう。

たとえば、全能神に好意的な姿勢で知られるイタリアの学術団体CESNUR（新宗教研究センター）の雑誌『The Journal of CESNUR』に論文を寄稿しているアメリカやオーストラリアなどの宗教学者たちは、張立冬ら犯人グループの正体について「全能神の元信者」「全能神を名乗った別の教団の信者」といった当局発表とは異なる見立てを発表している。同じくCESNUR系で中国国内の宗教迫害ニュースを専門に扱っているウェブニュースサイト『Bitter Winter（寒冬《ハンドン》）』（日本語版あり）も、事件について全能神無罪説を主張する記事をしばしば掲載している。

もちろん全能神の教団自身も、事件の犯人は自分たちの信者ではないと主張している。確かに、犯行グループのメンバーに「神の化身」を称する女性二人が含まれていたことは、後述する全能神の教義とは矛盾があるように感じなくもない。

また、事件発生から四日足らずで当局が全国規模の「邪教」摘発キャンペーンを大々的に展開したり、「邪教」リストを更新したりした点も、ずいぶん用意周到だ。捜査前から準備を進めていなければ、これほどの速度で大規模なプロパガンダを打つことは困難だろう（ちなみに一九九九年の法輪功弾圧の場合、彼らが中南海包囲事件を起こしてから摘発の開始まで約三ヵ月間の準備期間が置かれた。信者の人数や事件の性質が異なるので全能神のケースとの単純な比較はできないが、扱いは明らかに異なっている）。

とはいうものの、張立冬以下の犯人グループが全能神の関係者であることは、中国の国内報道を引用する形ではあるが、イギリスのBBCやアメリカのCNN、ロイター、『ニューヨーク・タイムズ』などの西側各国の主要メディアでも伝えられている。ひとまずマクドナルド事件については、国際的には全能神の関係者の犯行であるとみなす認識が一般的だと考えるしかないだろう。

※なお、マクドナルド事件について全能神無罪説を主張する論文を掲載した『The Journal of CESNUR』の発行元であるCESNURは、全能神のみならず世界平和統一家庭連合（統一教会）やサイエントロジー、日本のオウム真理教、韓国の新天地イエス教証しの幕屋聖殿（新天地教会、第六章参照）などの社会的に物議を醸《かも》している各種の新宗教や破壊的カルト、欧州のネオナチなどにも容認的な姿勢を取っており、欧州社会では彼ら自体に対する批判が少なくない。いっぽう、CESNUR傘下のウェブニュースサイト『Bitter

Winter』の記事は、アメリカ国務省や日本の法務省から中国の人権弾圧問題の参考資料として用いられており、国際世論に対して一定の影響力を持っている。マクドナルド事件の「真相」は、論じる者の政治的立場によって評価が変わる問題だと言えそうだ。

二〇一二年「世界滅亡」説を信じた人々

ほかに全能神のファナティックな側面を示す話では「マヤの予言」が有名である。まずは背景を説明しておこう。中国では二〇一二年に「マヤの予言」が大流行した。南米のマヤ文明の暦では同年の冬至ごろに世界が滅亡することになっている——、という都市伝説だ。

もともと、この都市伝説は中国のみならず世界中で流行しており、アメリカでは映画『インデペンデンス・デイ』などの作品で知られるローランド・エメリッヒがこのテーマを題材に取って映画『２０１２』を製作。二〇〇九年に公開された同映画は、全世界の興行収入が七億ドルを超える大ヒットとなった。中国において「マヤの予言」の噂が広がった理由も、国内興行収入四・五億元を売り上げたこの映画の流行に影響を受けた面が大きい（なお『２０１２』は中国市場を意識してか、人類の「ノアの方舟」が最後に逃れる場所が中国奥地に設定されている）。

そして、予言では「世界が滅びる」ことになっていた二〇一二年十二月ごろ、この話を信じた全能神の信者が中国全土でさまざまな騒動を起こした。中国国内のデモや騒乱事件を紹介する在外華人運営の反体制ニュースブログ『中国茉莉花革命《ヂョングォモーリーホアガァミン》』（中国ジャスミン革命）の記事から、同月に河南省で起きた事件の一部を例に挙げてみよう。

【十二月八日】

・一〇〇〇人近い信者が集会し、政府庁舎と派出所を包囲。他の場所でも類似事件あり。警察の鎮圧により逮捕者多数（商丘《シャンチョウ》市虞城《ユイチェン》県）。

・一〇〇〇人弱が行進。警察に鎮圧される。負傷者、逮捕者多数（鄭州《ヂェンヂョウ》市上街《シャンジェ》区）。

【十二月十日】

・数百人が行進しビラを配る。複数人が逮捕（開封《カイフォン》市尉氏《ウェイシー》県）。

・三〇〇人以上がデモ。警察と衝突し、複数人が負傷。警官にも負傷者（鄭州市登封《ダンフォン》市大冶《ダーヂー》鎮）。

・連日、夜間に一〇〇〇人以上が行進。数回にわたり警察や城市管理局と衝突。また、

図16　2012年12月11日、「世界の終わり」を信じて甘粛省政府前に集まった数百人の信者たち。当時、中国のSNS『騰訊微博』にアップされた画像より

数百人が街中で「神が降臨された」と宣伝（商丘市睢《スイ》県）。

【十二月十一日】

・一〇〇〇人あまりが街中を行進。「全能神だけが世界の終わりを救うことができる」と宣伝（開封市）。

・それぞれ数百人がデモ（鄭州市中心部、登封市潁陽《インヤン》鎮）。

【十二月十二日】

・数百人がデモ、警察と衝突してパトカーが破壊される（鄭州市登封市告成《ガオチェン》鎮）。

当時はまだ中国国内のインターネット言論統制がゆるい時代だったので、一連の騒動の現場写真とみられる画像は『新浪微博』などの中国国内のＳＮＳに多数アップロードされ、その一部が『中国茉莉花革命』にも転載されている。

画像を見る限り、街のバス停に「二〇一二世界の終わり」「全能神はすでに再臨した」といった落書きがなされる、「全能神を信じれば災厄から逃れられる」といった横断幕が建物の壁に貼られる、ビラが撒かれるなど、全能神の信者たちはかなり盛んに活動をおこなったようだ。

秘密結社のヤミの伝統

二〇一二年、世界滅亡パニックのただなかにあった全能神信者たちは、以下のような詩を広めていたことも明らかになっている。対句になっており、庶民が節をつけて唱えやすい文章だった。

老天爺下來到人間《天の神様、降りてきた》　察看誰家有災難《どの家の災難もお見通し》　好人有難他來救《善き人、難あれど救われる》　惡人有難他不管《悪しき人、難あれば救われぬ》
老天爺叫全能神《天の神様、名は全能神》　全能神來拯救人《全能神来たりて人助け》　全能神就是真神《全能神こそまことの神ぞ》　信與不信他都在《信じれど信じねどそこにまします》
地震車禍和瘟疫《地震、交通事故、疫病》　一切災難全降下《災難一切みな来たる》　不信真神命難逃《信じぬ者は逃れ得ぬ》　趕緊來信全能神《急いで信じよ全能神》

別の詩も紹介しよう。なお一連の拙訳は正確な逐語訳ではなく、原文のリズムや雰囲気を訳出することを重視した。

快來聽《疾く来て聞けや》、快來看《疾く来て見よや》　來到神前躱災難《御前に来たれば難を避く》
老天爺下凡救好人《天の神様、善き人救う》　發聲說話來施恩《声出し話して功徳あり》
接收神話能得救《耳傾ければ救われる》　相信神話渡災難《信じる者は難を避く》
跟上跟上快跟上《急げや急げさあ急げ》　機會錯過後悔晩《この機を逃せば悔しいぞ》

漢民族の伝統的な世界観における天の神様を指す「老天爺《ラオティエンイエ》」（玉皇大帝《ぎょくこうたいてい》、天帝）や、神仙が下界におりる行為を指す「下凡《シャーファン》」といった土着性の強い単語が頻出し、交通事故のような具体例を出したうえで、「災いを逃れる」という現世利益的なメリットを強調するなど、なにやら全体的にキリスト教よりも道教の呪文に近いムードを感じさせる文言だ。

世が乱れたときに歌える詩を広めて民衆の支持を集める行為は、二世紀の黄巾党が唱えた「蒼天已死《蒼天すでに死す》、黄天當立《黄天まさに立つべし》、歳在甲子《歳は甲子に在りて》、天下大吉《天下大吉》」から、十九世紀に太平天国の乱を起こした拝上帝会の「原道救世歌《げんどうきゅうせいか》」、抗日戦争（日中戦争）中に陝西省の共産党解放区内で歌われた毛沢東の崇拝歌『東方紅《ドンファンホン》』にいたるまで、中国の秘密結社の間ではおなじみの手法だ。一九九〇年代以降に成立した新宗教の全能神が、前時代的な民衆反乱勢力のヤミの伝統を継承した形で教えの普及を図っている点は非常に興味深い。

もっとも、フォローしておくならば、全能神の公式ホームページ上には、予言騒動の渦中にある二〇一二年十二月十六日付で「私たちは世界の終わりについて宣伝しない」という「神様のみことば」が掲載されている。日付が後日になってから改竄されたのではない限り、当時の全能神は教団全体の意思として「マヤの予言」の実現を主張していたわけではなかったとみられる。

「マヤの予言」の噂は、当時の中国人の間で冗談半分ながらもかなり広く共有されていた。全能神は噂を広める役割は果たしたかもしれないが、話の出所自体は、映画『2012』にハマった一般人由来の自然発生的なものだったとみられる。

ただ、中国の民間社会に密かに根を張る新宗教の信者たちは、終末論や陰謀論との親和性が非常に高く、いざ社会不安が起きたときは情緒的な行動に走りやすい。さらに社会混乱の影響を受けて動揺する庶民も相当数存在する。二〇一二年末の騒ぎは、中国社会のそんな一面をうかがわせるものだったと言えるだろう。

大きな赤い龍の災厄

ほかに全能神の興味深い特徴は、自分たちを迫害する中国共産党を「大紅龍《ダーホンロン》」（大きな赤い龍）と呼び、打倒の対象として位置づけていることだ。

この単語は中国語簡体字版の全能神ホームページを検索すると七〇〇件以上もヒットし（ちなみに日本語版ページについては「大きな赤い龍」「赤い大きな竜」など訳語が一定していないので検索が困難だ）、中国共産党に支配された国家を暗示する「大紅龍国家《ダーホンロングォジャー》」という呼称で中国を呼んでいる例も多く見つかる。

たとえば全能神の教典『言葉は肉において現れる』には、一九九〇年代前半に中国国内の全能神教会でキリスト（＝中国人女性）がおこなったという以下のような説法が収録されている。興味深い部分を太字にしたうえで紹介しよう。

今回の受肉は恵みの時代に引き起こされた危険より何千倍も大きな危険に晒されている、と神が言うのも無理はない。神は多くの場所において、秦の地で勝利者の一団を得るだろうと預言してきた。**勝利者が得られるのは世界の東方なので、神が二度目の受肉で降り立つ場所は間違いなく秦の地であり、それはまさに赤い大きな竜がとぐろを巻いているところである。**その地において、神は赤い大きな竜の子孫たちを自分のものにし、それによって**竜は完全に敗れ、辱められる。**神は重い苦しみを背負ったこれらの人々を目覚めさせ、完全に目が覚めるまで立ち上がらせて、彼らが霧の外へと歩み出て、赤い大きな竜を拒むようにさせるつもりである。彼らは夢から目覚め、赤い大きな竜の正体を認識するとともに、自分の心を残らず神に捧げ、**闇の勢力の圧迫から身を起こし、世界の東方で立ち上がり、神の勝利の証しになれるだろう。**そうすることでのみ、神は栄光を得る。

『言葉は肉において現れる』「諸教会を歩くキリストの言葉（Ⅱ）
（一九九二年十一月から一九九三年六月まで）」

秦《シニム》の地（中国）に中国人女性のかたちをとって再臨したキリストが、大きな赤い龍（中国共産党）を打ち破って人類を救済することを示す内容だ。

もうすこしくだけた表現で中国共産党が批判されている例も見てみよう。こちらも興味深い部分は太字にした。

　中国共産党は政権を取って以来、無神論と進化論を広めてきました。スローガンは、「この世界に神は存在しない、救世主などいたことはない」、「天上天下、唯我独尊」、「人は自然を制し、天地と戦う」、ことわざにも、「人の運命は己の手中にあり」、「己を怠る者は天地が滅ぼす」、「地獄の沙汰も金次第」などひどい言葉ばかり、人民を惑わす誤った教えです。人々はますます、傲慢で自己中心的で、不誠実で貪欲で、卑しくなって、良心と人間性を失っていきます。けがれた悪魔や野獣のように邪悪になって、殺し合いさえします。**今の中国は、赤い大きな龍がのさばる最も暗く卑しい場所、そこに神様が現れて働かれ、人類を清めて救おうとなさっています。**人はサタンの力による闇の支配を逃れ、神様を信じ、光の道を進むんです。これはすべて肯定的なことです。

　全能神日本語版ホームページ『神の国降臨の福音』「中国共産党の噂と誤謬に反論する」

「大紅龍」の言葉の由来は、『新約聖書』「ヨハネの黙示録」第一二章に登場する「また、もう一つのしるしが天に現れた。見よ、火のように赤い大きな竜である。これには七つの頭と十の角があって、その頭に七つの冠をかぶっていた」（新共同訳）という表現だ。この大きな赤い龍はサタンの化身なのだが、それが中国共産党になぞらえられているのである。

全能神の文献は、中国における大きな赤い龍の統治を「極めて罪深き」「暗き権勢」と強く批判している。「ある国家が神の仕事を邪魔するならば、神はその国家を滅ぼす」といった、共産党体制の打倒を暗示するような表現もしばしば用いられている。

「全能神は体制を打倒する革命を目指しているわけですか？」

「教会は政治参加を禁じているので、それはありません。ひとつの国がどうなるかは神様が決めることで、人間が行うことじゃないですよ。私たちが蜂起して中国共産党を倒すような考えはありません」

在日華人二世の全能神信者である佐藤に尋ねてみると、当然ながらこうした返事がきた。とはいえ、災厄を招く赤い龍のイメージが、経済面や政治面で弱い立場に置かれた中国の一部の庶民の心に刺さること自体は確かだろう。事実、全能神の教線が拡大したのは、相対的に中国の経済発展から取り残された農村部だった。

「ただ、大紅龍という表現は、中国の家庭教会の各派の内部で以前から使われてきたものなんです。全能神のオリジナルではないんですよ」

こちらは佐藤の言う通りである。調べてみると、たしかに全能神以外でも、在外中国人のクリスチャン組織や中国民主化団体、果ては法輪功の機関紙『大紀元』にいたるまで、さまざまな集団が同様の表現で中国共産党を批判しているのを確認できた。

主流派のキリスト教の聖書解釈では「共産党に赤い龍が背後で働いていると考えることはあっても、赤い龍が共産党を表象しているとは解釈しない」(後述のプロテスタント牧師・倉山)ともいう。だが、全能神信者以外の在外中国人も、黙示録の獣を中国共産党になぞらえる発想にしばしば言及しているのを見ると、中国共産党政権の圧迫を受け続けながらひそかに信仰を継続している中国民間のキリスト教世界においては、こうした聖書の解釈が容易に生まれ得るものであるらしい。

そもそも全能神教団は、家庭教会の信仰にルーツを持っている。こちらはすこし詳しい解説が必要だろう。

中国版隠れキリシタンと神秘主義

社会主義国家である中国では、あらゆる宗教が中国共産党の管理下に置かれ、それに属さない宗教組織は取り締まりの対象となる。

プロテスタントについても、三自運動と呼ばれる反帝国主義的な中国人クリスチャンの愛国運動が、中華人民共和国の建国後に共産党体制に協力する形へと再編された。結果、中国国内の各教会は、「帝国主義的な」西側諸国の教会との連絡を絶たれたうえで、三自委員会という親政府系の組織によってたばねられることになった。

だが、信仰が政治に支配されることに違和感を覚えて三自委員会から距離を置き、民間でひそかに信仰を伝えるプロテスタント各派も数多く存在した。こうして地下に潜った各派の教会が、「家庭教会」（家の教会）や「地下教会」の名で総称されることになる（比較的黙認されている民間教会を「家庭教会」、厳しく弾圧されているものを「地下教会」と呼び分けるとする主張もある）。

ちなみに、中国のプロテスタントは二十世紀前半までのアメリカの神学理解の影響を強く受けており、理性や科学を重視する現代派《シエンダイパイ》（自由主義神学派）と、個人の霊的救済や聖書の内容に忠実な信仰を重視する基要派《ジーヤオパイ》（福音派）に大きく分かれている。これらのうち、世俗的な現代派は三自委員会と比較的親和的だったのに対して、信仰に対してよりストイックな基要派は地下化を選ぶ例が少なくなかった。

また、一九六六年に勃発した文化大革命では、親政府的であるはずの三自委員会系のプロテスタントすらも無差別に糾弾対象にされた。結果、本来は三自委員会系だった中国人クリスチャンが地下に潜り、その後に改革開放政策が開始された後も当局への不信感から表に戻ろうとしなかったことで、文革によって家庭教会の規模が大幅に拡大するという皮肉な事態も起きた。現在、中国における家庭教会の信者数は、当局の厳しい弾圧にもかかわらず数千万人以上の規模に及ぶとみられている。

なお余談ながら、一九九〇年代以降の中国では、家庭教会のみならず三自委員会系も含めたプロテスタントの信者数の伸びが目立っている。これは天安門事件と中国民主化運動の敗北にショックを受けたエリート層が宗教や精神世界への傾倒を深めたことや、その後のインターネット時代のなかでネット布教によって信者の掘り起こしが進んだことも関係している。アメリカのピュー・リサーチセンターの推算（http://www.globalreligiousfutures.org/countries/china）によれば、二〇二〇年時点での中国のクリスチャンは約七二四一万人で、総人口の五・二％を占めるという。

社会において白眼視される教えを密かに守り続けている点で、中国の家庭教会の信者たちは、江戸時代の日本の隠れキリシタン（こちらはカトリックだが）を連想させる部分もある。ゼロ年代に中国東北部の吉林省で密かに布教活動に従事していた、プロテスタントの福音派系の日本人牧師・倉山（仮名）は、家庭教会についてこう話す。

「家の教会（家庭教会）といっても、家族単位でほそぼそと信仰を維持しているケースだけとは限らない。表立って十字架を出していないだけで、老若男女を集めている大きな施設も結構あるんです。若い信者が多く、日本の教会よりも活気があるイメージすらある。北朝鮮のクリスチャンはまさに「隠れキリシタン」を連想させるものがありますが、中国の場合は「戦時中の日本のクリスチャン」くらいの位置付けだと感じます」

過去、中国の宗教政策が相対的に穏やかだった胡錦濤《こきんとう》政権時代（二〇〇三〜一三年）には、多くの家庭教会の存在が黙認され、雑居ビルなどを借りてなかば公然と礼拝がおこなわれている時期さえあった。

ただ、家庭教会は中国の体制下において本質的に脱法的な存在であるため、天安門事件、法輪功の中南海包囲事件、習近平体制の成立——と、政治的な風向きがすこし変わるたびに厳しい摘発の対象となる。地域の公安にとっての家庭教会は、他の「違法」施設である賭博場や性風俗店などと同じく、「上」に向けて点数稼ぎをおこないたいときにいつでも摘発パフォーマンスをおこなえる便利な存在でもある。

牧師の倉山に言わせれば、そんな中国の家庭教会の信者たちは「原始キリスト教時代の初代教会の苦難を、最も経験している人たち」だ。

「ゆえに中国人クリスチャンたちは信仰心が非常に篤く、日本人クリスチャンから見て学ぶべき点がたくさんあります。……ただ、彼らはその純粋さや熱心さゆえに「悪い教え」に対して脆弱《ぜいじゃく》な部分もあるのです」

これについて、福音派系の別の日本人牧師で豊富な海外宣教歴を持つ村田（仮名）は、さらにこう話す。

「過酷な信仰環境に置かれていることから、中国のクリスチャンは「奇跡」信仰が強い傾向があります。もちろんそれ自体は否定されるべきものではないのですが、「強い信仰を持てば誰でも奇跡を体験できる」といった考えが広がるなどした場合、異端的な信仰が生まれやすいのは確かです」

そもそも一九八〇年代以降、中国の農村部のプロテスタントは奇跡や異言のような聖霊の働きを重視するタイプの信仰（ペンテコステ派）が強く、不十分な医療体制のなかで健康不安に悩む貧しい庶民に趕鬼《ガングイ》（霊的癒やし）を施すことでネットワークを拡大させた経緯がある。ときには、奇跡や霊的なケアを強調する教えが地下で密かに広がっていくうちに、キリスト教信仰が土着の民間信仰と習合して変質していくケースもすくなからず見られた。

信教の自由が事実上制限されていることで、中国人クリスチャンは聖職者であっても神学的な知識に難があるケースがあり、そのことも「異端」を生みやすい要因になっている。少なくとも、「ヨハネの黙示録」に登場する大きな赤い龍を中国共産党になぞらえてしまうような聖書解釈は、中国農村部の地下化したキリスト教信仰の環境からであれば、生まれ得る余地があったとみていい。

キリストは中国人女性として再臨した

「全能神の教義は、ある中国人女性にキリストが受肉したと考えているのですよね？」

「はい！」

新宿での取材中に私がそう尋ねると、これまで穏やかに話していた全能神信者の女性たちの声のトーンがすこし上がった。

「では、キリストが受肉した中国人女性は誰で、どこにいますか?」

「その女性の、個人としての名前や年齢・出身地などは、信仰のうえで重要なことではないのです。私たちが信じるのは個人ではなく、神様のみことばです」

佐藤が答えた。

『反全能神聯盟』などの全能神に批判的な中国当局系の情報では、この「女キリスト」の正体について、大学受験に失敗した女性で山西省《さんせい》大同の人である楊向彬《ヤンシャンビン》だとする説が根強いが、実態ははっきりしない。たとえば台湾のキリスト教界の学術論文では、女キリストは河南省鄭州付近で生まれた鄧《ダン》という姓の女性だという説や、この鄧は実は楊向彬の変名だとする説も紹介されている。ほかに楊向彬は教団創始者の趙維山の妻だという説もある。引き続き佐藤に尋ねる。

「教団の創始者とされる、趙維山氏に対する崇拝はありますか?」

「趙氏は信者たちの代表者にすぎません。全能神は個人を崇拝する教えではありませんから」

東アジアにおける他の「異端」やカルトでは、韓国で統一教会を創始した文鮮明《ムンソンミョン》が「再臨のメシア」、日本のオウム真理教の麻原彰晃がキリストの生まれ変わりを名乗ったように、教祖が自分自身をキリストやメシアであると主張する例が多い。これらは多くの場合、教祖個人の権威を高めることで、教団内での権力や信者に対する指導力の強化がもたらされる。

だが、全能神の場合はキリストが女性だとされる点と、彼女の顔が見えない点が、統一教会などの他の新宗教と違っている（正確に書けば、全能神が「邪教」認定される前の一九九〇年代前半には、「女キリスト」がじきじきに説法をおこなうケースがあったようだが、すくなくとも「邪教」化してからは表に出ていないとみられる）。

「女キリスト」が誰かすら不明である以上、本来の教祖である彼女が教団内で権力を握ることはできない。事実上の創始者とされる趙維山が「女キリスト」を傀儡に権力を握っているとする中国国内の報道もあるが、教団の各種の布教コンテンツを見たり実際に信者の話を聞いたりする限り、前出の文鮮明や麻原、もしくは法輪功の李洪志《リィホンヂー》あたりと比較すると全能神教団内における趙維山への個人崇拝色は薄い。

教祖が目立ちがちな東アジアの新宗教としてはめずらしく、全能神は教祖（＝「女キリスト」）に実権がなく、教祖を補佐する実務上のナンバーワンも裏に隠れている。あるいは、「女キリスト」は現実には存在せず、全能神は「キリストが中国人女性の誰かに受肉した」という神話を信じる教団であると考えたほうが実態に近いのかもしれない。

いずれにせよ、全能神の教義は主流派のキリスト教から白眼視されている。

そもそもキリスト教は「イエスをキリストすなわち救世主と信じる宗教」(『大辞泉』)だ。唯一の神の子であるイエス(ナザレのイエス)以外の救世主(キリスト)の存在を認める教義を掲げた宗教は、辞書的な意味ではキリスト教とは定義できない。

また、カトリックや東方正教会・プロテスタント諸派を含む主流派のキリスト教は、「唯一の神が父と子と聖霊の三位格を持つ」とする三位一体説を採る。逆に言えば、これと矛盾した教説を掲げる教派や教団は、主流派からは「キリスト教」だとはみなされない(ゆえに、教祖の文鮮明を再臨のメシアだと考える統一教会や、三位一体説を否認して『モルモン経《けい》』など独自の教典を有する末日聖徒イエス・キリスト教会〈モルモン教〉などは、通常は「異端」とみなされる)。

キリストが中国人女性として再臨したと信じている全能神は、辞書的な定義から見ても主流派のキリスト教徒の宗教的感覚から見ても、明らかな「異端」だ。信者たちの自己認識はともかく、客観的に見ればキリスト教ですらない。

ただし、私を含めたキリスト教徒以外の人間の立場としては、全能神が「異端」や「偽キリスト教」であるか否か自体は、実はそこまで大きな問題ではない。

重要なのは彼らが他者に害を及ぼし得る存在か、また仮に自分や家族が全能神を信仰した場合に、幸福な人生を送れるかどうかだろう。

私が全能神の信者である佐藤や李・程たちを取材したときの印象は、本章の冒頭ですでに書いた。彼女たちのおとなしそうな雰囲気と、信者がマクドナルドで見ず知らずの女性を撲殺したり、マヤの予言を本気にして騒乱を起こしたりする「邪教」のイメージが、容易に一致しなかったのは事実である。

主流派クリスチャンを切り崩す

牧師の倉山（前出）は、日本における全能神の宣教活動についてこう証言している。

「全能神はまったく信仰がない人を新規に開拓するよりも、クリスチャンを勧誘するんです。最近の日本では Facebook 上で「私はクリスチャンです」と名乗り、普通のクリスチャンに友達申請を送って、徐々に勧誘してくることが多い。身近な懸念として頭を悩ませています」

私が全能神信者の程から直接聞いたところでは、日本国内における彼らの教団の信者数は三〇〇人程度だという（全世界では数百万人とみられる）。全能神の教会では李や程のような比較的若い中国人や、佐藤のような中国系日本人の姿が目立つようだが、他のキリスト教会との「交流」の結果、日本人が全能神に改宗した例も多少はあるという。これは主流派のキリスト教徒の立場から見るならば、全能神にからめとられた日本人クリスチャンが存在するということだ。

全能神に否定的な韓国人と日本人のプロテスタントの牧師らが運営するサイト『異端・カルト一一〇番』（https://cult110.info/）にはこんな記述もある。

　全能神は2～3組のグループで既成教会に潜入してくる。ここでは彼らの手口をわかりやすく説明するために信者A（女性）、信者B（女性）、信者C（男性）で紹介する。Aは教会の礼拝に突然やってくる。年齢は50代くらい。中国籍である。性格は明るく社交的。第一印象はとても良い。Aはこの教会から信者を引き抜くために戦略的に送り込まれる。既成教会の牧師は「中国人のクリスチャンは珍しいな」と思う。一般的に中国でキリスト教信仰を持つことは容易でないことは知られているからだ。それでも教会にとって新来者は貴重な存在だ。温かく迎え入れてしまう。Aは社交的でコミュニケーション能力が高い。日本語も流暢《りゅうちょう》に話す。すぐに周囲に打ち解けて親しくなる。「Aさんいい人だ」「Aさん優しいよね」こういった声が教会で広がり誰も警戒しない。

数週間後、Aの後に続くようにBが教会を訪ねる。AとBは全能神の信者で仲間だが互いに他人を装う。二人はまさか日本で中国人クリスチャンに出会えるとは思わなかったと喜び合う（ふりをする）。教会では新来者に簡単な自己紹介カードを書くことが多い。AとBは普段通う教会の欄に「家庭集会」「家庭教会」と書く。他の異端、カルトのように国内の大きな教会に入り込んでいる場合もあり有名な教会名を書いてくることもしばしばだ。BはAより日本語が下手であまり社交的ではない。AとBが潜入に成功するとCという男性が来る。彼も中国人だ。CはAとBが指導通りに活動しているか監視するためにだけ来る。周囲と交流せず礼拝に参加して帰っていく。

『異端・カルト一一〇番』「【特集】「終わりの日のキリストは中国に出現」

既存の教会組織にメンバーを潜入させて信者を切り崩す手法は、韓国の新天地教会（第六章参照）が有名だが、全能神も中国国内で同様の行動を取ることがある。現地に詳しい関係者によると、三自委員会系教会や家族教会にメンバーを送り込んで、「役員クラスのポストに就かせてからいきなり乗っ取る」こともあるという。

日本国内でも、たとえば左記のような勧誘がなされる例があるようだ。

クリスチャンを誘うと全能神の中国人信者の自宅に連れて行き、そこで時間をかけて勉強会を行なう。案内するときもAはわざと道を間違え遠回りする。全能神の被害に遭った日本人Gさんは「同じ道をぐるぐるまわった」と証言している。場所を特定させないためだろうか。路地裏のアパートに連れて行かれる。部屋の中には5〜6人の中国人が待機している。牧師と称する男性とその通訳者。もちろん全員、全能神の信者だ。この一人のために計画的に集ったにすぎない。祈りに始まり、すぐに神の経営（救い）を学び始める。Aから奇跡体験（癒やし、経済的な祝福）が語られ、「中国で全能神によって貧しい農民が救われた」「悪魔である中国政府から守られた」と話を聞かされる。最終的に全能神がすべてであり悪魔（中国政府）と戦い、地上の天国を中国に完成させる話へ誘導する。ターゲットの多くは既成教会のクリスチャンであることから、経営（救い）の見直しを迫られるのだ。他の異端同様に聞いたことを話してはならないと指導される。

『異端・カルト一一〇番』前出記事

同様の報告は香港や台湾のクリスチャンの世界でも報告されている。

たとえば二〇一三年三月には、台湾のプロテスタント系五六機関の教会や団体が、「かの組織（＝全能神）が変名や団体偽装といった方法を試みて台湾に侵入して教会に浸透し、ひとびとを騙して教えを慕う友を惑わせていることに対して、私たちはここで全台湾のあらゆる民衆と教会に呼びかけ、注意を喚起する。決して彼らのいかなる活動にも参加してはならず彼らと結びついてもいけない」とする超宗派の聯合声明を出している（『基督教論壇報』「台湾基督教衆教会聯合声明」二〇一三年三月二日）。

また、香港では著名な神学者でもある牧師の李保羅《レイボウロウ》（ポール・リー）が二〇一三年三月、「私たちが「東方閃電全能神」に反対するのは決して政治的理由からではなく信仰面での理由にもとづくものだ」と断ったうえで、全能神の教義を強く批判する声明を出している（『宏博服務社』「認識「東方閃電／全能神教會」的錯謬」）。

他にも台湾の高雄市にある福気《フウチー》教会、香港の香港教会（チャーチ・イン・ホンコン）や香港華人基督教聯会、『真証伝播』『基督日報』『基督教週報』といった香港のキリスト教メディア、香港人が多いカナダのバンクーバーのキリスト教メディア『華人基督教月報』など、華人社会各地のクリスチャンから全能神に激しい反発を示すアピールが出されている。

中華圏におけるプロテスタントの一部は台湾や香港の民主化運動と関係が深く、中国共産党と対立している場合も多い。上記のアンチ全能神アピールの数々は必ずしも中国当局の統戦工作《トンヂャンゴンヅォ》（第二章参照）によるものではなく、教義面での問題意識や、教会の信者を横取りする全能神の宣教方針への反発からおこなわれたとみていいだろう。

いっぽう、日本におけるキリスト教徒は人口の一％程度に過ぎない。全能神の教線拡大にはおのずから限界があるようにも思える。

ただ、全能神の日本語ホームページや、全能神が公開している日本語版の YouTube

動画はいずれもレベルが高く（いわゆる「怪しい日本語」がほとんど見られない）、日本語をネイティブとする情報スキルの高い信者が作成に携わっていることが想像される。また、『逆境の甘美』『福音の死者』など一定水準以上の映像クオリティを持つ中国語映画を多数製作している点は、教団全体の資金力の高さも感じさせる。

全能神に非常に好意的なイタリアの学術団体CESNURの英語論文や、同団体傘下のニュースメディア『Bitter Winter』の報道内容を積極的にアピールして、「欧米圏の宗教学者がマクドナルド殺人事件の真相について学術的な検討をおこなっている」「全能神は正統なプロテスタントの伝統に位置づけられると主張する論文がある」と主張してみせるプロパガンダ戦術も非常に巧みだ。

中国人や日本人が信じやすい欧米学術機関や欧米メディアの権威を、どうすれば上手に活用できるかを、すくなくとも全能神教団内部の広報担当者は知悉《ちしつ》している。この点は中国の「邪教」の先輩格である法輪功よりも、ずっと上手にやっているようだ。

中国共産党の体制下におけるキリスト教弾圧が、かえってクリスチャンの地下化を招き、やがて可視化されない閉じた世界を苗床にして「異端」を成長させていった。全能神はその象徴だと言えるだろう。

いっぽう、二〇一五年ごろから、中国では習近平体制のもとで「宗教の中国化」が進められている。すなわち、祖国を愛すること、社会主義制度と中国共産党への支持、国家の法律法規および政策の遵守、宗教の世界に閉じこもらず現実の社会に適応すること、社会主義核心価値観によって宗教を導き中国の優秀な伝統文化に接合することなどが、中国国内の宗教団体（三自委員会のような当局公認の宗教団体）に対して要求されるようになったのだ。三自委員会系の教会に対しても締め付けは深刻で、二〇一四年四月から浙江省温州市で教会の十字架の強制撤去がおこなわれたり、二〇一七年に江西省の各教会で宗教絵画が取り外されて習近平の肖像画が代わりに掲げられたりといった動きが見られるようになった。

家庭教会の信仰はいっそう強い圧迫を受け、家庭教会の破壊や摘発、関係者の拘束などが進められているほか、近年は地域によっては非キリスト教徒の一般市民がクリスマスを祝う行為すらも取り締まられるようになっている。

だが、厳格な管理が志向されるほど、網から漏れ出た部分は地下深くに潜り、一部は極端化する。かつて全能神を生んだ中国の信仰環境は現在でも健在どころか、習近平体制のもとでむしろ再強化されてゆくのではあるまいか。

コラム③ 「邪教」の名刹参拝記

「真佛宗《ヂェンフォオゾン》」という教団をご存知だろうか？　日本統治時代末期の台湾嘉義《かぎ》郡（地名は当時）で生まれた中華民国軍の元少校（少佐）・盧勝彦《ルーシェンイエン》が、移住先のアメリカ合衆国シアトルで一九七五年から教えを説きはじめ、一九八二年に正式に創始した仏教系の新宗教である。

本部のあるシアトルのほか、台湾中部の南投《ナントウ》県草屯《ツァオトゥン》鎮に巨大な寺院を有し、香港やマレー半島・インドネシア・北米などの華人社会に教えを広げている。二〇〇八年時点で世界に約三〇〇ヵ所、台湾国内だけでも七〇ヵ所の拠点を持ち、世界の信者数は公称五〇〇万人である（より新しい情報では六〇〇〇万人とするものもある）。

教義はチベット密教がベースだとされ、そこに道教系の民間信仰や浄土信仰、さらに「活仏」である教祖の盧勝彦個人に対する崇拝が混淆した内容である。台湾の宗教学者・丁仁傑《ディンレンジェ》が記すところでは「伝統仏教教団のきまりごとを受け入れず、教祖のイメージを突出して前面に出して」いるといい、教祖の私生活や教団の金銭問題にまつわる複数のスキャンダルが報じられたこともある。

また、第六章でもすこし触れるが、中国大陸において真佛宗（霊仙真佛宗《リンシエンヂェンフォオゾン》）は、一九九五年から公安部により「邪教《シェジャオ》」と定義され、取り締まり対象になっている（中国における「邪教」は、その宗教が中国共産党にとって不都合な存在だという意味でしかなく、教団自体の〝邪悪さ〟や〝怪しさ〟を示すものではないが）。

いっぽう、真佛宗は台湾国内においては、国民党の韓国瑜《ハングオユィ》（元総統候補）や呉敦《ウゥドゥン》義《イー》（元行政院長）、民進党の頼清徳《ライチンダァ》（現副総統）ら大物政治家による教団訪問を受けるなど、それなりに認められている（ちなみに真佛宗は、政治的には泛藍《ファンラン》（国民党系）・泛緑《ファンリュイ》（民進党系）の台湾与野党いずれにも傾斜しない姿勢だ）。彼らは社会に背を向けた閉鎖的なカルトであるとまでは言えず、ちょっとアクの強い新宗教といった程度の理解をしておくのが妥当なところかと思われる。

真佛宗は日本国内にも公称五〇〇〇人の信者を擁し、神奈川県横浜市や大阪府阪《はん》南《なん》市に拠点が存在する。特に阪南市にある住吉山雷蔵寺は日本総本山を称しており、

図17　山内の建物のひとつには、住職の尼僧・釋蓮花静香金剛上師のポスターが貼られていた。2020年12月３日

面積は一二〇〇坪もある。住職である尼僧・釋蓮花静香金剛上師《シーリエンホアジンシャンジンガンシャンシー》については、ホームページ（http://raizoji.or.jp/）で以下のように説明されている。

　住吉山雷藏寺住職釋蓮花静香金剛上師（台湾出身）。女性阿闍梨《あじゃり》として1人で山を開き住吉山雷藏寺を創建。真佛宗創立者チベット密教法王蓮生活佛盧勝彦大持明金剛上師の真伝を賜り、真佛密法を修行、密教次第四加行法より護摩大法・大日如来法・チャクラを開く訓練法・浄化心靈内観法・瑜伽密・無上瑜伽・密教金剛拳・極意呼吸法・倍音聲明・時空超訓練法を修得し、宇宙意識即ち自性意識となり、心と宇宙合体。心念力不可思議大法力によって衆生を救う。密教大手印で衆生を増福増慧・祈福・祈願・先祖供養・陰陽両利・救度衆生。世界を股にかけ、24ヵ国において弘法を請願される。（以上、漢字表記を含めて本文ママ）

日本総本山を取り仕切る、心と宇宙合体した尼僧。尋常の人ではなさそうだ。そこで私が二〇二〇年十一月下旬、取材を申し込む電話を掛けてみたところ「あらあー、あなたは中国語ができるのねえ。よかったあ」「声が若いわねえ、いまいくつ？」と、スピーカーからのんびりした台湾華語が聞こえてきた。

電話で会話する限り、普通の気さくな台湾人のおばちゃんのように思える。

黄金の鳥居の先に道教神

住吉雷蔵寺は、南海本線箱作《はこつくり》駅から一・三キロほど歩いた先の高台にあった。関西国際空港からほど近く、目の前に広がる大阪湾を見渡せる景《けい》のいい場所だ。地元の人に話を聞くと一〇年近く前から山を切り開いて工事を続けているといい、私が訪問した際も山門の隣に建設業者のトラックが停まっていた。

図18　黄金の鳥居。まだまだ序の口である。2020年12月３日

山門には山号を彫った巨大な石碑があり、続いて巨大な観音像が屹立している。その脇の坂を登っていくと、台湾の宗教なのになぜか弘法大師を祀っている大師堂。その左手には玄武・白虎・青龍・朱雀の四神《スーシェン》の彫刻がついた黄金の鳥居が三つ並び、これらをくぐった先に祀られているのは、カナダのトロント市在住の香港人信者が寄贈したという黄大仙《ウォンダイシン》（広東文化圏で人気が高い仙人）と、媽祖《まそ》や関帝《かんてい》といった道教の神々である。

さらに鳥居の左手には、ヒンドゥー教やチベット仏教の象頭神であるガネーシャが一〇体ほど祀られ、そこに日本の招き猫の絵が描かれた米俵が供えられている。奥には巨大な仁王や不動明王の像もある。

やや足を戻して大師堂の右手の坂を上がると、「福徳地蔵尊」という、一〇〇年以上前からこの山に安置されていた地蔵がそのまま祀られている。山中で荒れ果てていた小さなお堂を真佛宗が整備したらしく、新しい花と供え物があった。お堂の内部をのぞき込むと、地蔵は頭にチベット密教風の赤い冠を被せられて不思議な姿になっていたが、拝む人もなく朽ちるよりは台湾の新宗教の信者の篤い信仰を受けていたほうが、本人（本仏？）にとっても幸せかもしれない。

図19　真佛宗の密教地蔵と化したお地蔵さま。静香さんが近所のおじいさんから世話を託されたという

　その隣には十二支の石像と、寄付の掲示板があり、台湾人や欧米系・マレー系の華人らしき寄付者の名前が多数見て取れた。お布施がたまに「三仟美元《サンチエンメイユエン》（三〇〇〇ドル、約三六万円）」とドル建てになっているのが、さすが全世界に信者を持つ宗教団体だ。

　十二支の石像の先には近年完成した八角堂がある。後に堂内に入れてもらったところ、宇宙空間を模した天井には北斗七星とカシオペヤ座が輝いていた。音響効果を計算して作られているらしく、声明《しょうみょう》の声がよく響く。中央には台湾製の巨大な木魚《もくぎょ》と磬子《けいす》があり、立派な須弥壇《しゅみだん》は日本仏教の寺院と同じものを使用、その上には恰幅のいい金色のご本尊が鎮座している。このご本尊はもちろん、根本上師蓮生活佛《ゲンベンシャンシーリエンションフォフォ》――。つまり教祖の盧勝彦だ。

八角堂の背後は広大な空地で、やがて本堂が建設される予定だ。空地のさらに裏手は、蛇神の白長大神が祀られた古い神社がある。社殿は住吉山雷蔵寺の敷地外だが、やはり訪れる人が少なく森に埋もれていたところを雷蔵寺が間伐をおこない、参道を整備した。

地蔵や神社など、他の伝統宗教に対して敬意を払う姿勢は好印象である。

パワフル尼僧、寺を作る

住職の釋蓮花静香金剛上師（以下、静香さん）からは、新型コロナウイルス感染予防対策として本堂の建設予定地の空地で話を聞いた。

チベット仏教僧の法衣と毛糸の帽子といういでたちで現れた静香さんは、電話の印象通りの明るい女性である。法輪功などの一部の新宗教の信者には、浮世離れしすぎて教団外の一般人とのコミュニケーションが困難な人も少なからずいるが、彼女にそういった雰囲気はなく、普通に話ができる。むしろ口を開くと止まらないタイプだったが、これは宗教的な理由とは無関係で、彼女が六十代の元気な台湾人おばちゃんだからであろう（もっとも、私が「中国大陸で「邪教」扱いされていることをどう思いますか」と尋ねたところ本気で叱られた）。

静香さんは台湾高雄市出身、日本滞在歴は四十数年に及ぶ。出国前の十代後半のころ、開教間もない時期の真佛宗に入信し、やがて台湾人の夫と結婚して夫婦で日本に留学して就職。しかしその後、真佛宗の信仰を保持したまま、なんと高野山で修行して真言密教の阿闍梨の資格を得た（住吉山雷蔵寺の敷地内に弘法大師が祀られているのはそうした事情からのようだ。雷蔵寺のイベントに静香さんの友達の山伏がやってきて法螺貝《ほらがい》を吹くこともあるという）。

やがて静香さんは二〇〇〇年ごろ、私財を投じて阪南市箱作の山肌の土地を購入する。二〇〇五年に日本の宗教法人格を取得し、台湾や全世界の真佛宗信者の寄付を集めながら寺を作りはじめた。二〇一〇年に落飾《らくしょく》して真佛宗尼僧として正式に出家すると、工事はより本格化する。住吉山雷蔵寺は現時点ですでに、私が内心で「阪南のタイガーバームガーデン」と名付けたほどの威容を誇る巨大な珍寺になっているのだが、静香さんは今後も「生命が続く限り」寺の建設や仏像・神像の設置を進めていく予定だという。

住吉山雷蔵寺は、在日台湾人のパワフルなおばちゃんの腕一本で作り上げられた。彼女は若き日に宝石会社に勤務し、全国トップクラスの売り上げを叩き出した凄腕のセールスレディだったそうで、いまや往年のスキルと情熱を寺の建設に注ぎ込んでいるのである。

鴻海幹部が協力するミラクル寺

静香さんは営業の神様のような尼僧（変な表現だが）だけに、人脈開拓にも熱心だ。寺のホームページやYouTubeチャンネルで確認すると、事実上の台湾大使館・領事館である台北経済文化辦事処の代表者クラスの高官が何度か訪問しているほか、阪南市長（当時）の福山敏博、阪南市を含む大阪十九区が選挙区の自民党衆議院議員の谷川とむ、阪南市議の上甲誠と中村秀人、泉南市議の古谷公俊など、寺の法要には阪南市周辺地域の政界関係者が詰めかけており、人脈ががっつりと構築されている。

信者も興味深い。もっとも面白いのは、台湾の超大手メーカー鴻海《ホンハイ》グループの最高レベルの経営幹部の一人で、鴻海が親会社となったシャープ（本社は大阪府堺市）の取締役でもある林忠正《リンヂョンヂェン》が住吉山雷蔵寺の熱心な支持者であることだろう。

彼は私財を投じて寺の建設に協力する大旦那となっており、福徳地蔵尊の周囲や寺の裏手の神社の参道は林忠正の寄付で整備された。経営危機に陥っていたシャープだけではなく、阪南市の山奥の地蔵や神社まで鴻海の幹部が再建していたとはびっくりである。

さておき、日本の真佛宗はチベット仏教と道教に加えて、神道や修験道・真言密教・地蔵信仰まで教えのなかに混淆させつつ、静香さんのバイタリティに引っ張られる形で日台友好の架け橋となり、地域において名誉ある地位を占めようとしている。箱作の街には住吉山雷蔵寺以外にも、中華風の装飾をこらした真佛宗の施設がいくつも点在し、さながら日本版の南投県草屯鎮（真佛宗の台湾の拠点）の様相を示しつつある――。

が、地元の人は中華料理店のような装飾をことさら嫌がるふうでもなさそうだ。きっとこれでいいのだろう。

ちなみに中国本土における真佛宗は、「邪教」扱いされながらも推定一〇万～数十万人の信者を擁している。もとが言語を同じくする台湾の宗教であり、政治的主張もおこなっていないので、中国人にとっても受け入れやすい教えのようだ。台湾人や外国人の僧侶による宣教活動は強く禁じられているものの、経典は地下でひそかに広まっており、中国人の宣教者を通じて教えが説かれているとのことである。

第六章

新天地教会と新宗教たち

中国で「キリストの生まれ変わり」続出す

中国語でいう「邪教」は、日本語では「カルト（≒破壊的カルト）」と同じ意味で理解されることが多い。

確かに、一般常識から見れば奇異に思える教義を掲げ、さらにテロや犯罪、金銭の収奪や強引な勧誘といった反社会的行為を積極的におこなっているオウム真理教や統一教会（世界平和統一家庭連合）のような問題のある団体は、日本語では「（破壊的）カルト」である。彼らについては、もちろん中国でも「邪教」として扱われている。

だが、中国語の「邪教」は、日本語のカルトとは異なる意味を含む場合もある。

唯物主義を掲げる中国共産党政権下において、宗教の自由は憲法のうえでこそ認められているが、この「自由」の対象は当局が存在を認めた「合法宗教」に限られている。たとえば道教・仏教・イスラム教・カトリック・プロテスタントの五大合法宗教については、それぞれ中国道教協会・中国仏教協会・中国イスラム教協会・中国天主教愛国会・中国基督教三自愛国運動委員会（三自委員会）といった親体制的な統括組織が存在し、教団や教義は当局の管理統制下に置かれている。

いっぽう、合法宗教の統括団体に従わない——つまり当局の管理を受けていない宗教は、たとえ教義面では五大宗教のれっきとした一派だったとしても、当局から見れば「迷信」的な存在であり、打倒の対象である。中国において、ある宗教の教えが「正しい」か「誤り」かの基準は、中国共産党によるコントロールが可能か否かで決定されるものなのだ（もっとも習近平政権の成立以降、海外とのつながりが強いイスラム教・カトリック・プロテスタントについては、たとえ「正しい」宗教であっても強い圧迫を受けているが）。

中国語でいう「邪教」は、統制外の宗教のなかでも特に中国共産党にとって不都合な存在を指して用いられる概念だと考えていい。すなわち、犯罪や人権抑圧を肯定する「破壊的カルト」はもちろんのこと、当局の統制を受けないまま急速に組織を拡大させていたり（特に党内や軍内まで拡大すればなおさらだ）、教団への批判や規制に対して積極的に抗議行動を起こしたり、教団内部で反体制的な解釈が可能な説法をおこなっていたり、当局が把握できない国外の教祖に忠誠を誓っていたりする宗教団体は、いずれも「邪教」にされ得る存在なのである。

中国において、特に政治や宗教の分野で当局の統制を拒む集団は、なんらかの形で地下化して活動することを余儀なくされる。ゆえに中国共産党から「迷信」や「邪教」として攻撃されている宗教結社は、いかなるものであっても秘密結社的な性質を持たざるを得ないのである。

「反動」「反革命」から「邪教」へ

ただし、中国の庶民の間で「邪教」の概念が身近になり、多くの人に具体的なイメージを伴って認識されるようになったのは意外と最近のことだ。

もちろん、「邪教」的な集団そのものは昔から存在してきた。なかでも中華人民共和国の建国直後に実施された「反動会道門《ファンドンフイダオメン》」の撲滅キャンペーンでは、民間宗教・羅《ら》教の流れを汲む一貫道《いっかんどう》や先天道《せんてんどう》といった会門（秘密結社）や道門（民間宗教）の徹底的な撲滅が図られている。一貫道は儒教・仏教・道教・キリスト教・イスラム教の五教を合わせたとする教義を掲げる、二十世紀前半の中国では最大規模の宗教結社だった。

秘密結社研究の大家である南京大学歴史学部教授の孫江《スンジャン》が、著書『近代中国の革命と秘密結社』で紹介した中国当局側の推計によると、取り締まり時点の「反動会道門」

の諸組織の幹部クラスの数は約八二万人、信者や一般メンバーらは約一三〇〇万人にのぼったという。

会道門たちは単一の勢力ではないが、人数規模では当時の中国の人口（約四・七五億人）の二・九％を占め、この時点でまだ約四四八・八万人（一九四九年）だった中国共産党員の約三倍に相当した。しかも、主に華北に勢力を張っていた一貫道は、日中戦争時代に中国を占領していた日本軍や汪兆銘《おうちょうめい》政権（日本の傀儡政権）との関係が深かった（たとえば、汪兆銘国民政府の外交部長（外相）だった褚民誼《チュウミンイー》と財政部長（蔵相）の周佛海《ヂョウフォオハイ》は一貫道の幹部信者だった。さらに一貫道教祖の張天然《ヂャンティエンラン》みずからも、汪政府外交部の顧問に任じられていたほどだ）。

ゆえに中国共産党は、建国の早々から会道門を目の敵《かたき》にしており、一九五〇年十月には公安部長の羅瑞卿《らずいきょう》が「会門とりわけ一貫道はわれわれの前にある最大の反革命組織」と批判演説をおこなっている。

間もなく中国全土を弾圧の嵐が荒れ狂った結果、一九五二年十月までに平原省《へいげん》（現在の山東省西南部と河南省北部）だけで八五五人の「反動会道門」分子が処刑された。また、処刑者と監禁者の合計の数字ながら、山東省で一万八〇〇人、四川省で三万八四四〇人もの会道門関係者が処分された。結果、一九五六年までに会道門はいったんほぼ壊滅した（コラム②でも紹介したように、会道門の活動は改革開放政策初期の一九八〇～九〇年代に再び盛んになったが、近年はあまりニュースに登場しない）。

ただし、一貫道の取り締まりが盛んだった時期に「邪教」という言葉はあまり多く使われていない。当時の中国共産党による会道門への批判では、むしろ「迷信」や「反動」「反革命」といった語彙が多く使われた。幹部がカネを貯め込んでいる、組織内で男女関係が乱倫を極めているといった、庶民の嫉妬や反感を集めやすいプロパガンダも数多く流された（なお、中国共産党によるこの手のプロパガンダの論法は、近年になって法輪功や全能神《チュエンナンシェン》などの「邪教」を批判する際にもしばしば使われる。たとえ真偽は不明であっても、スキャンダルが民心に与える影響は大きいのだ）。

中国当局が「邪教」という概念を明確に意識して使いはじめたのは、おそらく一九八三年にプロテスタント教派の呼喊派《フーハンパイ》（「シャウターズ」、後述）を取り締まった時期からである。やがて一九九五年十一月には、中国国内のオカルト・ブームの幕引きが図られるなかで、呼喊派とそこから派生した全能神など、合計一一の新宗教団体が「邪教」指定を受けた（第五章参照）。

「邪教」の概念が中国国内で完全に市民権を得るきっかけになったのは、一九九九年四月の法輪功《ファアルンゴン》（第四章）による中南海包囲事件がきっかけである。事件後、当局は各種の報道や思想教育を通じて徹底的に反法輪功のプロパガンダをおこない、「邪教」というキーワードをさんざん繰り返した。「邪教」が刑事や宗教行政の分野のみならず、一般市民にもお馴染みの言葉（特に負のイメージを伴う犯罪用語）として使われるようになったのは、この時期からだと考えていい。

二〇〇〇年に出された「公安部の邪教組織認定と取り締まりに関する若干の問題の通知」では、一四の「邪教」組織がリストアップされた。リストはその後も何度か出され、最近では全能神が山東省招遠《しょうえん》市マクドナルド殺人事件（第五章）を起こした二〇一四年に更新されている。

以下、一九九五年以降に中国当局から「邪教」扱いをされた団体のうち、特にキリスト教系の主要な教派や新宗教の姿に迫ってみよう。

共産党が嫌いつづける「呼喊派」

この本でしばしば名前が登場している呼喊派は、本来はまっとうなプロテスタント教派の範疇に含まれる——と、みなされることが多い集団だ。

この教派の起源は、福建省出身の著名な伝道者である倪柝声《ニィトウオシェン》（ウォッチマン・ニー）が、一九二二年に設立した無教会主義の信仰集団・基督徒聚会所《ジードゥトゥジュイフィスオ》である。このグループは当初、明確な教団組織を形成していなかった。名称も一定しておらず、小群《シャオチュン》（リトル・フロック）や地方召会《ディーファンヂャオフィ》（ローカル・チャーチ）などいくつかの名で知られている。

この基督徒聚会所は、特定の教派に属さない、各教会が互いに独立して存在する、聖書に起源を求められないクリスマスやイースターなどの祝日を無視する、集会所に十字架やキリストの像を飾らない、女性は礼拝時に頭巾をかぶる、などといった特徴があった。また倪柝声の教えには、霊的な覚醒の意義を強調する傾向が強かった。

ストイックな信仰のありかたと倪柝声のキャラクターが多くの人に好感を持たれたためか、やがて基督徒聚会所の教えは国内外に広がり、中国が社会主義化する直前の一九四九年の時点では、国内外に約七〇〇施設の教会と七万人以上の信者を獲得するようになっていた。

だが、中華人民共和国の建国後、中国国内の基督徒聚会所はほぼ壊滅させられる。倪柝声は当初こそ共産党政権に協力的で三自愛国運動を支持していたが、やがて朝鮮戦争に際して平和主義を呼びかけたことで当局にマークされ、一九五二年に逮捕されてしまったのだ。各地の基督徒聚会所は厳しく取り締まられ、信者の多くは三自委員会系の公認教会に吸収された（なお、逮捕された倪柝声はその後二〇年にわたる獄中生活を余儀なくされ、文化大革命中の一九七二年に安徽省の労働改造所で殉教している）。

いっぽう、アメリカ系中国人の伝道者でかつては山東省の基督徒聚会所を率いていた李常受《リィチャンショウ》（ウイットネス・リー）は、人民解放軍が大陸を制圧する前に中国を離れ、台湾や北米を拠点として倪柝声の教えを受け継いだ。

李常受は一九六〇年代から、主の名前を大声で呼喊《よびさけ》ぶことを主張するようになり、ゆえに彼らの一派は「呼喊派」と呼ばれることになった（自称としては、李常受時代と同じ「地方召会」「地元にあって合一である立場に立つ教会」などの名前を使い続けている）。

鄧小平体制下で改革開放政策が進められるようになった一九七九年、呼喊派はひそかに中国本土にカムバックする。文化大革命の嵐を生き延びた往年の基督徒聚会所の残存信者たちの助けも得て、一九八三年には二〇以上の省区・直轄市で数万人の信者を獲得することとなった。

呼喊派は他教派のクリスチャンを取り込みつつ、家庭教会を通じて地下で拡大したため、信者の一部は必然的に反体制的な色彩を帯びた。さらに、当局に従順な三自委員会系の国内プロテスタント教会にも冷ややかな姿勢を取った。

また、カリスマ的な李常受をキリストの再来のように考え「常受主《チャンショウジュウ》」（主なる李常受）などと呼ぶ信者や、呼喊派を「常受教《チャンショウジャオ》」とひとつの宗教のように呼ぶ人も出てきた。呼喊派は李常受が中国語訳に携わった「回復訳聖書」という他派とは異なる聖書を用いたため、主流派のキリスト教の範囲内におさまるかには議論があり、場合によっては他のプロテスタント教派から異端視されることもあった。

ゆえに、台湾や北米の影響を受けて中国のプロテスタント管理体制に異を唱えた呼喊派は、他の家庭教会にも増して中国当局から警戒された。やがて一九八二年二月に浙江省東陽《ドンヤン》県と義烏《イーウゥ》県（現在の東陽市と義烏市）で、呼喊派と三自委員会系教会の信者が衝突。鎮圧のために民兵が動員されたり多数の逮捕者を出したりしたことで、当局との関係は決定的に悪化する。

結果、呼喊派は一九八三年という非常に早い時期に当局から「邪教」と定義されて激しい弾圧を受け、万単位（一説に七〇万人）の信者が逮捕された。

一連の経緯を見る限り、いまや呼喊派それ自体が中国の体制に与えている脅威はほとんどないとみられる。だが、中国ではなぜか現在もなお呼喊派が「邪教」リストに入れられ、取り締まり対象となっている。

推測できる理由は、まず呼喊派の母体となった基督徒聚会所が海外では健在であり、海外宗教勢力と自国民の結びつきを嫌う中国共産党としては警戒を緩められないことが考えられる（余談ながら日本においても、彼らの系統の教会が複数存在する）。

また、呼喊派自体は危険な存在ではないとしても、この教派は全能神をはじめ、被立《ベイリー》王《ワン》・主神教《ヂュウシェンジャオ》・中華大陸行政執事站《ヂョンホアダールーシンヂェンヂーシーヂャン》などのキリスト教系「邪教」を大量に生んでおり、その源流である呼喊派を禁じないわけにいかないという事情もありそうだ。

加えて意地の悪い推測をするならば、当局が他の家庭教会を弾圧する際、対象に「呼喊派」というレッテルを貼ってしまえば捜査や鎮圧の大義名分が立つため、仕事をおこないやすくなる。公安側のそんな実務上の利便性ゆえに、呼喊派の名前が必要とされている部分も意外と大きいのではないかと思われる。

中国農村を席巻する自称キリストたち

では、呼喊派からはどんな「邪教」たちが生まれていったのか。以下、前出の孫江の別の論文「基督の創出」の記述などを参考に、各教派・教団の姿を追ってみよう。なお、呼喊派系新宗教のなかでは信者数と社会的インパクトの双方で突出している全能神については、すでに第五章で詳述したので、ここでは補足的な言及にとどめておく。

【被立王】安徽省阜陽市潁上《インシャン》県にある大謝行政村出身の農民・呉揚明《ウゥヤンミン》が設立した新宗教。小学校に三年しか通わなかった呉揚明は、成人後は故郷の村で人民公社の生産隊隊長を務めてきたが、生産請負制度の導入によって人民公社が解体されたことで無役の一般農民になった。そうした心の不満を宗教で癒そうと考えたのか、一九七九年にキリスト教に入信し、呼喊派に参加する。呉揚明はほどなく呼喊派の幹部になったものの、当局の摘発を受けて投獄された。

やがて一九八八年、すでに出所していた呉揚明は、『新約聖書』「ルカ福音書」の表現から名前を取った「被立王」を自称し、新教団を創設。呼喊派の李常受から被立王になる命を受けたと主張した彼は、わずか数年間で全国二九の省・自治区・直轄市に五〇〇ヵ所あまりの活動拠点を設け、数万人の信者を集めることに成功する。

被立王教団の幹部層は、被立王である呉揚明が最高権力者の「父王《フーワン》」となり、さらに教団の事務や父王の身辺の世話をする一六人の「大権柄《ダーチュエンビン》」（すべて女性）、布教活動に従事するベテラン信者らの「代権人（ダイチュエンレン）」、上位者への服従が義務付けられた「服権人《ダイチュエンレンレン》」といった序列に分かれ、その下に一般信者がいる構図になっていた。呉揚明は二〇〇〇年に世界の終わりが来ると述べ、被立王を信じぬ者は罰を受けて死ぬと主張していた。

また、公安部系のサイトとみられる『中国反邪教網』によれば、呉揚明は「サタンの政権を転覆し、新天新地の神の国を建設する」と吹聴し、中国共産党を「大紅龍《ダーホンロン》」（大きな赤い龍）と呼んで敵視していた。呉揚明の身辺の世話をする六人の女性は彼と起居をともにし、うち何人かは彼との間にできた子どもを産んでいたという。

結果、呉揚明は一九九五年一月、幹部七人とともに当局により逮捕された。やがて同年十一月二十七日に強姦罪や詐欺罪の判決が確定し、十二月二十九日に死刑が執行されている。調べによれば呉揚明は聖書の記述を曲解し、未成年者を含む女性数十人（捜査により明らかになったのは一九人）に性的暴行を加えていたほか、信者たちから数十万元の財産を騙し取っていたとされる。

【主神教】安徽省六安《リョウアン》市霍邱《フオチュウ》県の五一《ウゥイー》村出身の農民・劉家国《リュウジャーグォ》が設立。劉家国は中学校卒業後に農業に従事し、一九八九年に呉揚明の被立王教団に入信して幹部に就任。やがて一九九三年はじめ、被立王の呉揚明ではなく自分自身が「イエス・キリストの肉身の二度目の生まれ変わり」「正義・平和・神聖かつ純潔にして全知全能の生きた主神」であるとする新宗教・主神教を二十九歳で創始した。主神教は、世界の終わりが間もなくやってくるという終末論を唱え、劉家国を中心とした神の国の建設を呼号。やがて往年の師匠だった呉揚明が逮捕されて被立王教団が瓦解すると、主神教は被立王の信者を吸収して、信者数を数万人規模まで拡大させた。

だが、一九九八年六月に劉家国は逮捕され、翌年十月に邪教組織罪と詐欺・強姦罪を理由に処刑された。『人民日報』をはじめとした中国メディアは、劉家国たちが神の国を作るために武器弾薬を集めていたとか、劉家国が「神霊を賜う」という名目で未成年者を含む女性二七人に乱暴をおこない、うち六人に子どもを産ませていたなどとも伝えている。

【中華大陸行政執事站】安徽省宿州《スーヂョウ》市蕭《シャオ》県の王庄《ワンヂュアン》村出身の農民・王永民《ワンヨンミン》が設立。王永民はもともと呼喊派の幹部で、呼喊派が弾圧された後もひそかに布教活動を続けていたが、他の信者と意見が合わなかったため一九九四年五月に新教団を立ち上げた。ただし被立王や主神教とは違い、王永民は呼喊派の提唱者である李常受こそ「活基督《フォジードゥ》」（生きたキリスト）であるとして崇拝。「李常受は王であり、天上も地下も一切のあらゆるものは李常受という活基督に帰一する。これは拒むこと能《あた》わざる歴史の潮流だ」などと主張した。信者は最大時で約三〇〇〇人の規模に達したという。

中国共産党を意味すると思われる「サタン政権」の打倒を主張し、「国都の建造」を目標にしていたとされる中華大陸行政執事站だが、一九九五年から取り締まりを受け、王永民も逮捕されたという。

【全範囲教会】ほかに呼喊派系に位置づけられた「邪教」には、河南省の徐永澤《シュイヨンゼェ》（ピーター・シュー）が一九八四年に設立した全範囲教会と、そこから分派した華南教会がある。中国公安部の資料では、徐永澤は過去に呼喊派への参加経験があるとされている。

ただし、徐永澤は被立王や主神教のような他の「邪教」のリーダーたちとは違い、四世代続いたクリスチャン家庭の出身で、一九六〇年代の文化大革命時代から家庭教会の宗教活動を主導してきた人物だ。その教えも、大声で号泣して主に罪を懺悔すれば生まれ変わるというものであり（ゆえに「重生派」とも呼ばれる）、キリストが生身の人間として再臨したといった「異端」的な主張はおこなっていない。もっとも親共産党的な三自委員会系の教会に対しては非常に批判的だった。

こうした事情から、全範囲教会は中国当局からは「邪教」扱いされているものの、主流派のキリスト教の範囲内におさまる教えだとみなされることも多い。徐永澤は一九九〇年代に二度にわたり逮捕されたが、アメリカで釈放運動が盛り上がり、現在はアメリカに亡命して暮らしている。徐永澤の教えは中国の家庭教会に根強い影響力を持っており、一説には一九九〇年代末時点での重生派の家庭協会信者は二〇〇〇万人に達したともいう。

これらの「邪教」の内部で囁かれていたという政府転覆の野望や、教祖が女性を大量に暴行して子どもを産ませていたといったセンセーショナルな話が、どこまで本当なのかはよくわからない。これらはいずれも、一九五〇年代の「反動会道門」鎮圧作戦以来の、中国共産党お得意のプロパガンダの内容と酷似しているからだ（教祖たちの性的な乱倫はもちろん、子どもを多く産ませていたという問題も、計画生育政策〔近年までは「一人っ子政策」〕のなかで産児数を制限されていた当時の中国農民にとっては強い怨嗟の対象になり得る）。

ただ、ほぼ確実と思われるのは、全範囲教会を除いた右記の三教団はいずれも、中国国内で経済的に立ち遅れている安徽省出身の農民が設立し、実在の人間をキリストの生まれ変わりだと主張していた点である。リーダーたちはいずれも農民で、それほど高い教育を受けておらず、もちろん専門的なプロテスタント神学の知識も持っていない人たちだった。

また、全能神の事実上の創始者である趙維山《ヂャオウェイシャン》（黒龍江省出身）の当初の宗教活動も、被立王や主神教とよく似ていたらしい。初期は趙維山自身が「イエスが再び肉体を得た」と称しており、呼喊派の李常受を「常受主」と崇拝するのではなく、自分を「能力主《ナンリーヂュウ》」と呼んで崇めるよう信者たちに求めていたという。この能力神教団が取り締まりを受けたことで、「女キリスト」という新たな崇拝対象を持ち出し、「実際神《シィジーシェン》」という教団名を名乗りはじめたのが全能神の成立経緯だとされている（これらは中国公安部の資料にもとづく話だが、あり得そうなストーリーである）。

「とりあえずやってみる」キリスト再臨

現代中国の「邪教」は、大きく分けて仏教や道教の影響が強い民間宗教系と、キリスト教系のふたつのパターンがある。

まず民間信仰系には、前述した一貫道やコラム②に登場した各種の宗教などの「会道門」があるが、これらは二十一世紀に入るころには大きくすたれた。かわりに台頭したのは、気功や瞑想などの東アジア系の伝統文化や民間信仰に、一九八〇～九〇年代的なオカルト・ブームやスピリチュアリズムが入り混じった教えだ。

すなわち、気功集団である法輪功や中功《ヂョンゴン》（第四章参照）、中国系ベトナム人女性フエ・ダン・トリン（清海無上師《チンハイウゥシャンシー》）が台湾で創始した瞑想法を伝える「観音法門《グアンインファアメン》」、台湾人の盧勝彦《ルーシェンイエン》が設立したチベット密教と道教の教えが交じった「真佛宗（霊仙真佛《リンシエンヂェンフォオ》宗《ゾン》）」（コラム③参照）などである。これらの教義は中国人の伝統文化と直接接続する部分が多いためか、過去に法輪功や中功が数千万～一億人規模の修煉者（信者）を獲得したように、いちどツボを押さえると爆発的に流行することがある。

いっぽう、キリスト教系の「邪教」は信者の絶対数こそ一〇〇〇人～数十万人程度にとどまることが多いが、名が知られている教団数が多いという特徴がある。彼らはすでに紹介した呼喊派系の教団が多いものの、それ以外にもいくつかある。大部分は家庭教会の教えが変質したものだ。

比較的有名なのは、江蘇省淮陰《ホアイイン》県の元小学校教師・華雪和《ホアシュエホォ》が「神の啓示を受けた」として一九八三年に創設した霊霊教《リンリンジャオ》だろう。教祖の華雪和を「二度目の救い主」「イエスの霊は彼の身体に乗り移った」として崇拝対象にする教えだったが、一九九〇年に華雪和が逮捕されると衰退。かわりに元信者だった郭広学《グォグアンシュエ》・温秋会《エンチュウフィ》が復活道《フゥフォダオ》という新宗教を創始し、今度は彼ら二人を崇めさせる教えを唱えて古巣の霊霊教信者の切り崩しをおこなったものの、こちらも一九九九年に二人が逮捕されて壊滅した。

ほかに呼喊派系以外の「邪教」には、教祖の李三保《リィサンバオ》を「神が決めたキリスト」と崇拝し、一九八〇年代末に各地で当局との衝突事件を七〇件以上も起こした門徒会《メントゥフィ》（曠野《クアンイェ》窄門《ヂャイメン》）、「神の国」の建国を説いた新約教会《シンユエジャオフィ》、やはり教祖を神格化していた三班僕人派《サンバンプゥレンパイ》などもある。

一九八〇年代に流行した呼喊派や霊霊教・被立王から、二十一世紀の二〇一四年にマクドナルド殺人事件を起こした全能神信者とされる犯人グループまで、現代中国の「邪教」の特徴のひとつは、神やキリストの生まれ変わりがやたらと登場することである。

背景には一九八〇〜九〇年代の気功ブーム（第四章参照）や、清朝末期から一九五〇年代・一九八〇年代と定期的に発生している新王朝建国ブーム（コラム②参照）、二〇一七年ごろのＩＴベンチャーブームのように、ひとたび流行すれば「とりあえずやってみる」模倣者が大量に生まれてしまう、中国社会の特徴が大きく関係している。

また、中国では新規に立ち上がった企業がある程度成長すると、社員が独立して同業種の会社を経営しはじめ過去の職場の顧客を奪うパターンがしばしばみられる。呼喊派と被立王・主神教、また霊霊教と復活道の関係を観察すると、どうやら「邪教」の世界もビジネス界と同様の構図が見られるようだ。

（なお、二〇一四年に山東省招遠市のマクドナルドで全能神の信者とされる男女が勧誘を断った女性を殴り殺した事件では、犯行グループ側が全能神の教義に反して、メンバーの女性二人を「神の化身」に位置づけていた。かつて被立王から主神教が分派したように、この犯人グループも全能神からさらに別の「邪教」に変化する過程にあるセクトだったのかもしれない。）

仙人や女神を崇める宗教観

中国の農村で神やキリストを自称する教祖たちが大量に出現する、宗教文化面の背景も考察しておこう。

一般人が神や救世主（キリスト）になるという発想の根底に、人間が仙人になり天に昇る（成仙昇天《チェンシエンシェンティエン》）という道教の思想や、「神降ろし」をおこなう民間のシャーマニズム信仰、菩薩が生きた人間に生まれ変わり続けるとするチベット仏教の活仏信仰など、中国人がかつて伝統的に接してきた宗教観の強い影響があることはおそらく間違いない（余談ながら、韓国のプロテスタントにおいて牧師がしばしば個人崇拝の対象になったり、教会が牧師個人の教義解釈によって異端的なカルトに変質したりする例が多いのは、信者たちが朝鮮半島の巫俗《ふぞく》信仰の影響ゆえに牧師をシャーマン的な祭司として見る傾向が強いからだという〔浅見雅一・安廷苑『韓国とキリスト教』〕。伝統的な信仰形態が近い中国でも、似た構図があることだろう）。

また、中華文化圏では過去にながらく続いた王朝体制のなかで、天命を受けた皇帝こそは全宇宙の中心たる統治者である、とする統治者のイメージが形成されてきた。ゆえに現代でも、蔣介石や毛沢東・習近平のような強権を握った政治家や、鴻海《ホンハイ》グループ（シャープの親会社）の創業者・郭台銘《グォタイミン》のような豪腕型の企業人がしばしば神格化され、その言葉が語録として経典化したり肖像画や銅像が崇拝の対象になったりする（こうしたストロング・マンに対する個人崇拝の発生は「造神《ザオシェン》」〈神様づくり〉と呼ばれる）。

そもそも多神教的な伝統宗教文化が根付いている中国において、閉鎖的な家庭教会のセクトや新宗教教団の内部で絶対権力を握った指導者が「神」になってしまう現象は、そう不思議なことではない。

前章に登場した全能神の教義についても、ここで補足的に考察しておこう。彼らのように女性をキリストの生まれ変わりに位置づける発想は、神の男性性（「父なる神」）が前面に出てくるユダヤ・キリスト教文化ではなかなか出てこない。

だが、中国では清の乾隆《けんりゅう》三十九年（一七七四年）に白蓮《びゃくれん》教の一派である清水《せいすい》教の教祖・王倫《おうりん》が反乱を起こした際、傀儡とした女弟子を世界の創造主である女神「無上聖母《むじょうせいぼ》」（白蓮教の主神）に仕立てて、教えを信じれば来たる劫災《ごうさい》から生き残れると説くという、宗教こそ違うものの全能神とそっくりな教義を掲げた運動がおこなわれた前例もある。そもそも中国神話において、人類の創造者は女媧《じょか》という女神だとされており、女性を最高神に位置づけることにそれほど不自然な感覚はないのかもしれない。

地下化したプロテスタントが華北・東北地方の民間信仰と混淆して成立した被立王や全能神のような教えは、中国の伝統的な宗教文化風土から考えれば、生まれるべくして生まれたものだったとも言えるのだ。

中国に食らいつく韓国カルト教団

いっぽう、近年になり中国当局を大いに悩ませているのが、海外からの「邪教」の流入だ。これには台湾から入った観音法門や真佛宗などもあるが、教団が持つ反社会性の点でより深刻だと思われるのは、経済発展に沸く中国をターゲットに韓国やアメリカから進出しているキリスト教系のカルトである。

こちらには、強引な勧誘や多額の寄付が日本でも社会問題となった統一教会（世界平和統一家庭連合、中国語では「統一教《トンイージャオ》」）や、教祖の鄭明析《チョンミョンソク》による複数の女性信者への性的暴行事件で知られる摂理（キリスト教福音宣教会、「摂理教《シェーリィジャオ》」）、かつて一九九〇年代に日本でセックス教団としてセンセーショナルに報じられたアメリカの新宗教・愛の家族（ファミリー・インターナショナル、「天父《ティエンフー》的児女《ダアルニュイ》」もしくは「愛的家庭《アイダジャーティン》」など、悪名高い破壊的カルトが少なくない（なお右記の三教団は中国公安部の資料でも「邪教」扱いされている）。

法輪功や全能神を除く中国国内で生まれた「邪教」の多くは、一九九〇年代までに農村部や地方都市で流行し、現在はピークを越えてほそぼそと活動する組織が大部分である。対して海外由来の新宗教は中国経済が発展した二十一世紀に入ってから、都市のホワイトカラーや学生の間で勢力を伸ばす例があり、一部は現在も活発に活動している。

二〇二〇年二月には、中国に幅広い地下ネットワークを持つ韓国系の新宗教・新天地教会（新天地イエス教証しの幕屋聖殿。中国語は「新天地《シンティエンディー》」）が、社会問題を起こして注目を集めた。ちょうど中国湖北省武漢市で発生した新型コロナウイルスのパンデミックの初期、中国・韓国・日本・台湾などの東アジア各国が封じ込めに躍起になっていた時期に、新天地が武漢市内から韓国国内にウイルスを持ち込み、感染が拡大する巨大クラスターを生んだのである。

報道によれば、二月十六日に大邱《テグ》市で開かれた一〇〇〇人規模の礼拝に参加した六十代の女性信者を起点として感染が拡大。同年八月一日時点で、新天地教会経由の新型コロナ感染者は五〇〇〇人以上に達し、韓国の感染者総数の三六%を占めた。

以下、しばし韓国の話になるが、この教団の概要を述べておこう。

新天地教会は韓国慶尚北道《キョンサンプクト》清道《チョンド》郡出身の李萬熙《イマンヒ》によって一九八四年に創設された、キリスト教系の新宗教だ。現在の本部はソウル近郊のベッドタウン・京畿道《キョンギド》果川《クァチョン》市に置かれている。

二月二十三日に韓国の『聯合《ヨンハプ》ニュース』などが伝えたところでは、新天地教会は全世界に「聖殿」と称する教会を七二ヵ所、布教機関「シオンキリスト教宣教センター」を三〇六ヵ所（うち海外に二〇〇ヵ所あまり）、オフィス一〇三ヵ所、その他の施設一〇四八ヵ所と、合計で一五二九ヵ所もの関連施設を有し、信者数は全世界で二五万三〇〇〇人に達する。中国における宣教状況は後述するが、日本にも東京都内をはじめ複数の拠点が存在している。

彼らの教義の特徴は、教祖である李萬熙を「永生不死の再臨イエス」と位置付けている点だ。教義には終末論的な色彩が強く、来たる世界終末の日には李萬熙に従った一四万四〇〇〇人だけが天国に行けるとされている。信者は救済を受けられる一人となれるよう、積極的に新天地の宗教活動に邁進せねばならない。

もちろん、主流派のキリスト教から見れば、李萬熙を再臨イエスであるとする新天地教会の教義は「異端」である。対して新天地教会の側も、他のすべての教会は神の敵対者サタンに属すると主張。新天地教会は異端的な教義ゆえに信者と家族とのトラブルが多く、教団側が信者に対して家族との縁切りを強制したり、別の教会にスパイを送り込んだりする例も見られたという。

新型コロナウイルスについては、新天地教会の中国武漢市内の布教拠点から韓国に戻った信者がウイルスを持ち込んだとみられている。新天地教会では毎週水曜日と日曜日に信者らが密接して床に坐って一時間半以上も「アーメン」と叫び続ける礼拝をおこない、しかも神様に失礼だという理由からマスク着用も禁じられていたことで、感染クラスターが発生した。加えて一部の信者が礼拝に参加したことを隠したり、検査を拒否したりしたことで、ウイルスはさらに拡散した。

また、感染発生が明らかになってからも教団側が初動段階で情報を隠し、信者向けに取材対応マニュアルを作って隠蔽工作をおこなっていた不誠実な姿勢も韓国世論の怒りを買った。教団内部では信者に向けて「感染は新天地を潰そうとする悪魔が起こした」

「他の教会の礼拝に参加してウイルスをうつし、感染源をカモフラージュせよ」などというメッセージも伝えていたとされる。

結果、韓国における社会的批判の高まりを受けて、三月二日には教祖の李萬熙が報道陣の前で土下座して謝罪。さらに八月一日には、李萬熙が感染病予防法違反の疑いなどで韓国当局に逮捕されてしまった。

「エホバの証人」を偽装する

ならば、騒動の起点となった、中国における新天地教会の活動はどのようなものだったのか。

前出の『聯合ニュース』は、新天地教会が二〇一九年末時点で中国国内の合計一九地域で活動し、一万八四四〇人もの中国人信者を獲得していたと報じている。多い都市を挙げると、吉林省の長春市で二〇一八人、遼寧省の大連市で一六六五人と瀋陽市で一〇三五人、北京市で一六一三人、上海市で一三三二人などだ。韓国人から見れば同胞にあたる朝鮮族（後述）が多い、東北部（旧満洲）の諸都市における拡大が目立つものの、新型コロナウイルスが発生した湖北省武漢市でも二三五人もの信者を得ているなど、漢民族にも教線を広げていたことがわかる。

新天地教会の内部には、ヨハネ派・ペテロ派・釜山《プサン》ヤコブ派・ソウルヤコブ派……など、イエスの十二使徒から名前を取った一二の支派が存在するとされる。いずれも教義解釈の違いから生まれた支派ではなく、担当教区によるグループ分けのようだ。

『聯合ニュース』は、中国に進出した新天地教会の各派は釜山ヤコブ派と果川ヨハネ派、ソウルヤコブ派の三派であるとしている。いっぽう中国のニュースメディア『察網《チャアワン》』の二〇一六年十月三十一日付記事は、アンドレ派とヤコブ派（釜山ヤコブ派かソウルヤコブ派かは不明）、マタイ派が中国に入っていると伝える。

いずれの情報が正しいのかは決め手に欠けるが、ひとまず『察網』の記述を紹介すれば、新天地教会のアンドレ派とヤコブ派が中国に進出したのは二〇〇四年ごろという。なかでも広範囲の布教に成功したのはアンドレ派で、北京市・上海市・広州市などのメガシティや、南京市・無錫《むしゃく》市・蘇州市・杭州《こうしゅう》市・青島《チンタオ》市・鄭州市・合肥《がっぴ》市・大連市・瀋陽市といった各地の大都市をはじめ、一部の地域ではごく小さな都市にも新天地教会の進出が観察された。

すなわち、江蘇省の鎮江《チェンジャン》市・江陰《ジャンイン》市・淮安《ホアイアン》市・宿遷《スーチエン》市・太倉《タイツァン》市、安徽省の六安市・蚌埠《バンブー》市・懐遠《ホアイユエン》県・鳳陽《フォンヤン》県、河南省の洛陽《ルオヤン》市・漯河《ルオホオ》市、浙江省の嘉興《ジャーシン》市、山東省の威海《ウェイハイ》市といったマイナーな地域である。一連の地名を見る限り、アンドレ派は大都市の学生やホワイトカラーのみならず、三自委員会系の教会や家庭教会の信者が多い漢民族の農村地域への布教にも成功したようだ。

対してヤコブ派は、東北部の黒龍江省や吉林省の省内全域を手堅く固めた。さらに内モンゴル自治区から国境の向こうのモンゴル国に向けては、マタイ派が展開しているという（朝鮮半島とモンゴルは歴史的にも地理的にも関係が深い）。

いっぽう、当然ながらこうした新宗教の進出と拡大は中国当局の警戒を招いた。当局は遅くとも二〇一四年ごろには新天地教会を「邪教」と定義し、メディアで反対プロパガンダを流したり取り締まりをおこなったりするようになった。

『察網』いわく、中国国内の新天地教会の組織は二〇一四年時点で一〇〇ヵ所以上に及び、三自委員会系教会の牧師や長老にすら浸透が進みつつあるという。

たとえば『中国反邪教網』によると、二〇一八年六月二十五日に遼寧省本溪《ベンシー》市の民政局が「法によって『新天地教会』を取り締まる布告」を発表。さらに黒龍江省哈爾濱《はるぴん》市香坊《シャンファン》区や綏化《スイホア》市の民政局、北京市豊台《フォンタイ》区の民族宗教事務弁公室なども同様の取り締まり令を出している。二〇一九年十一月三十日に中国ニュースメディア『観察者網《グアンチャアヂェワン》』に掲載された反新天地教会のプロパガンダ記事では、教団について「公民の個人情報を収集し、国家の機密を窃取し、金銭を収奪し、社会に危害を与える」と、徹底的な批判がおこなわれている。

『中国反邪教網』によれば、新天地教会は中国国内で行動する際に実際の教団名を隠し、「エホバの証人」（中国語名「耶和華見証人《イエホォホアジエンヂェンレン》」）や「神様の教会」（神様の教会世界福音宣教協会。中国語名「上帝的教会《シャンディーダジアオフイ》」）といった、現時点まで中国国内で「邪教」指定を受けていない他の舶来新宗教の名前を騙《かた》る例が多いとされる。

また、二〇一五年には太原《たいげん》市や上海市で「平和の空をてらす（照亮和平的天空《ヂャオリャンホォピンダティエンコン》）」「夜明けの星志願公益団体（晨星志願公益社団《チェンシンヂーユエンゴンイーシェートゥアン》）」などといった名称で、公益団体を偽装して活動していたという。さらに北京市では屋外撮影会や韓国語学習会、無料の聖書学習会、ご近所さんの交流サークルなどを偽装した勧誘活動もおこなわれていた。彼らは中国各地で、大学などに作った街頭ダンスサークルを通じて大学生や教員、知識人などを引き入れてきたとされる。

勧誘後、相手がまだ信者になっていない段階では、アクセスが便利な地下鉄駅付近のKFCやマクドナルドで信者がターゲットと一対一で会い、新天地教会の知識を植え付けていく（全能神のマクドナルド事件しかり、中国ではファストフード店がカルトの勧誘場所に選ばれやすいようだ）。結果、相手の勧誘に成功すると、身分証や戸籍簿などを提出させて家族の個人情報を得るという。

『中国反邪教網』はおそらく中国公安部が「民間」を装って運営しているプロパガンダサイトだが、母国の韓国国内における新天地教会の悪評から推測する限り、同教団についての具体的な記述はおそらく実態からそれほど外れてはいないと思われる。

地下化した武漢教団から新型コロナウイルス伝播

香港の英字紙『サウスチャイナ・モーニング・ポスト』（ＳＣＭＰ）の二〇二〇年二月二十七日付記事には、中国国内の新天地教会の幹部に近い筋の情報が掲載されている。

たとえば上海の拠点では、もとは水曜日と土曜日の集会に三〇〇～四〇〇人の信者が一堂に会していたが、最近は取り締まりの強化で一グループあたり八～一〇人程度の小集会に分かれるようになっていたという。

武漢の拠点も同様だ。こちらも上海の事例と同じく、二〇一八年に漢口（武漢市内の地区名）にある「聖殿」に公安の捜査が入ったことで、大人数での宗教活動を断念。結果、やはり信者たちが少人数のグループに分かれ、完全に地下組織化して信仰が継続されるようになっていった。

『SCMP』は記事中で、二十八歳の幼稚園教諭である匿名の信者へのインタビューもおこなっている。以下、インタビュー内容の邦訳を掲載した韓国大手紙『ハンギョレ』の日本語版から、この幼稚園教諭の肉声の部分を引用しよう。

「昨年十一月からウイルスに関するうわさが激しくなっていたが、誰も深刻に考えなかった」

「新型コロナについて知った直後、教会がすべての集いを中断したが、当時自分も武漢にいた」

「その後もオンラインを通じて説教と教理の勉強などを続け、教会信者の大部分は春節連休頃の一月末に故郷に戻った」

『ハンギョレ』「新天地、12月まで武漢で集いを継続」二〇二〇年二月二十六日

中国側の公的な情報では新型コロナウイルスの最初の症例は十二月八日に確認されたことになっているが、現地では十一月時点から奇病の発生が噂されていたらしい（余談ながら私も、武漢市の謎の肺炎の噂は昨年十月ごろから現地で囁かれていたと聞いたことがある）。

だが、新天地教会の信者たちは、新型コロナウイルスの蔓延が深刻化した二〇二〇年一月に入ってからも武漢市内で宗教活動を続けていた。もっとも同年一月二十日までは中国当局がウイルスのヒト・ヒト感染を認めずにいたので、当時の信者の活動を責めるのは酷な部分もあるのだが、ともかくこの時期に教団内にウイルスが入り込んだ。

三月一日付の中国国営放送ＣＣＴＶの報道によれば、前年の七月一日から同年十二月二十七日までに韓国から中国に入国した新天地教会の信者は延べ三一六〇人に及び、うち四二人が武漢に立ち入った。こうして中国国内の信者と地下集会で接触した韓国人信者が帰国することで、韓国へのウイルス伝播が起こったのだった。

中国の同胞・朝鮮族を布教の尖兵に

中国の各都市における新天地教会の信者数は、『聯合ニュース』の報道にもあるように東北地方（旧満洲）の諸都市が突出して多い。これは韓国経由の主流派のプロテスタント教団や、統一教会や摂理など他の韓国系新宗教についても同様の傾向がある。

その大きな要因は、この地域――。特に吉林省東部の延辺《イエンビエン》朝鮮族自治州に「朝鮮族」と呼ばれる少数民族が多く居住していることだ（以下、本書では中国国内の朝鮮系少数民族を「朝鮮族《チャオシエンズゥ》」、朝鮮系の民族集団全体を「朝鮮民族《ちょうせんみんぞく》」と書き分ける）。

朝鮮族は、二十世紀前半まで日本の植民地期などに朝鮮半島から中国東北部に移住した人々の末裔で、朝鮮語を解してハングルを用いる。彼らは中国語と朝鮮語（韓国語）の両方に堪能で、現在の人口は一八〇万人以上。なかでも吉林省の延辺朝鮮族自治州の首府・延吉《イエンジィ》市は人口の約六割が朝鮮族で占められ、韓国・北朝鮮に次ぐもうひとつの朝鮮民族の文化的中心地となっている。

現在、朝鮮族は中国国内で五六民族のひとつに数えられているのだが、他の少数民族と比べても中国国家への帰属意識が強く、漢民族との関係が比較的良好なことで知られている。

延辺に対しては韓国からの主流派のプロテスタントの働きかけが盛んであり、過去には韓国キリスト教会の出資で延辺科学技術大学（現在は延辺大学に編入）が設立されたり、公認教会（三自委員会系）である延辺教会の巨大な建物が再建されたりもした。しかし、それと同じくらいカルト的な新宗教の進出も盛んだ。

もともと朝鮮民族は、日本の植民地時代にプロテスタント信者が抗日運動を担っていた歴史的経緯もあってキリスト教徒が多い。これは中国国内の朝鮮族も同様で、二〇一三年時点で延吉市のクリスチャン人口は約四万人であった。ただし、このうちで中国政府が公認する三自委員会系の教会の信者は二・八万人ほどで、残りは政府非公認の家庭教会や、韓国経由のプロテスタントや新宗教の信者であるとみられている。

上海応用技術学院人文学部准教授の徐　琼《シュイチョン》の論文「朝鮮族キリスト教の実態について」は、「韓国で似非《えせ》宗教としての扱いを受けているものの大半を延吉において観察することが」できると述べている。

たとえば延吉市には新天地教会のほか、二〇一四年に韓国で沈没事故を起こした旅客船セウォル号のオーナーが信仰していた救援派《クウォンパ》、教祖が女性信者八人に性的暴行を加えたことで有罪判決を受けた万民中央教会をはじめ、社会的に物議をかもしている複数の新宗教が進出している（なお、韓国国内では二〇二〇年三月末に万民中央教会の内部でも新型コロナウイルスの集団感染が発生。新天地教会の不祥事に続く問題として注目された）。

ゼロ年代に現地でひそかにプロテスタントの宣教にかかわった日本人牧師の倉山（第五章）も、かつて暮らした延吉市の状況をこう話す。

「新天地教会・救援派・摂理は本当に多くて、現地の主流派のクリスチャンが困っていた様子をよく覚えています。胡錦濤政権時代は外国人の宣教行為への取り締まりがゆるく、韓国からカルトの宣教師が大勢やってきていた。私の現地の友人の、当時高校生の娘さんによると、学校でクリスチャンといっても、同じクラスの仲間では正統派（主流派）のほうが少数で、他の異端カルトの信者のほうが圧倒的に多かったそうです」

韓国の宗教団体がまず朝鮮族に布教する理由は、文化や言語の差異がほとんどないという大きなメリットがあるためだ。

第一段階として言葉が通じる朝鮮族を信者にすれば、中国語が堪能な彼らを通じて他の地域の中国人（漢民族）への布教を進めることができる。中国では外国人宣教師の布教活動が認められておらず、そもそも外国人の行動自体に制約が多いため、中国国籍でありながら韓国発の教義をスムーズに内面化できる朝鮮族信者は、布教の上でかなり重宝されるのだ（ほかには北朝鮮に布教をおこなうために、北朝鮮と国境を接する中国の朝鮮族を信者に組み入れる作戦を取っている教団もある）。

「殺戮の天使」、中国版カルト村で暗躍す

最後に、新天地教会以外の韓国系新宗教の中国進出にも触れておこう。

まず、高額な献金や合同結婚式で有名な統一教会は、はやくも毛沢東時代の一九六〇年代から中国国内に浸透をはじめた。近年は北京市・天津市・広州市・瀋陽市・西安市などの各主要都市に拠点を展開し、ひそかに布教活動をおこなっている。さらに中国公安部は、統一教会傘下の国際教育基金会、鮮文《ソンムン》大学校（大学）や清心《チョンシム》国際病院などが交流を名目にして浸透を図っており、さらに仕事や留学で海外にいる中国人を意識的に教団に取り込んで中国国内での布教を担わせているとみている。

また、韓国や日本で教祖による女性信者への乱暴行為が告発されている摂理は、中国でも女子大生を勧誘のメインターゲットとし、「世界平和文化交流会」やテコンドーサ

ークルなどを偽装して布教をおこなっている模様だ。

　ほかに中国社会で大きな事件を起こしたふたつの韓国系の「邪教」がある。すこし詳しく紹介しておこう。

【タミ宣教会（達米宣教会《ダァミィシュエンジャオフィ》）】 韓国の李長林《イチャンリム》が一九八八年に創始。一九九二年十月二十八日に世界の終わりがはじまり、復活したキリストが再臨して敬虔な信者を天国へ連れていく（昇天《シェンティエン》）。行けなかった者は一九九九年の最後の審判を受けざるを得ない――、とする終末論的な教義を掲げた。親族訪問のために中国から訪韓した朝鮮族たちを対象に布教し、彼らに教団の宣伝物を持ち帰らせる戦略をとり、中国国内で教勢を拡大。一九九一年からは宣教師が直接韓国から中国に行って布教するようになった結果、一〇あまりの省・自治区・直轄市に教えが伝播する。

　やがて「世界の終わり」がはじまる一九九二年十月二十八日、中国吉林省で一三の市や県、三三の郷鎮で約一二〇〇人の信者が集まり、再臨したイエスに従って「昇天」するべく集団生活を開始。集団自殺を防ぐために公安が出動する騒ぎになったが、結果は何も起こらず多くの信者が教団から離れたという。ちなみに教祖の李長林は同年九月二十四日に詐欺罪などで韓国国内で逮捕されている。

【世界イリヤ福音宣教会（以利亜教《イィリーヤージャオ》）】 韓国の朴鳴呼《パクミョンホ》が一九八〇年に創始。一九九三年に中国に進出し、遼寧・吉林・黒龍江・北京・上海・河北・河南・内モンゴル・浙江・安徽・山東など一一の省・自治区・直轄市に展開、中国全土で二〇ヵ所以上の集会所や拠点を持っていた。信者数は一〇〇〇人程度で、漢民族と朝鮮族からなっていた。

教祖の朴鳴呼は自分自身こそ唯一の宇宙天皇上帝であると称して「宇宙十戒石国」なる国家の建国を企図していた。また資料によっては、彼らは国名を「イリヤ十戒石国」として独自の国旗・国歌・憲法を定めていた、二〇〇〇年に世界が滅亡するので一九九七年九月三十日までに新たな国を建てると主張していた——などとする話もある。

この教義に感化されたのか、イリヤ教会の中国の信者たちは、一九九六年二月に黒龍江省依蘭県の森に原始共産主義的な宗教コミューン「瀋陽歌珊地《シェンヤンガーシャンディー》（瀋陽ゴシェン）」を建設する（ゴシェンとは聖書の創世記に登場する地名。住居と牧畜に適した地とされる）。

瀋陽ゴシェンでは四十数人の男女の信者が二軒の家で共同生活を送り、姓を「地上の天国」にちなんで「天《ティエン》」に改姓していた。中心となったのは、教団の中国国内でのトップ格とみられる三十代の漢民族女性・単玉波《ダンユィーボー》（天 玉波《ティエンユィーボー》）だ。

コミューンの内部ではテレビや新聞など外部の情報に触れることは許されず、教祖の朴鳴呼を「親爸爸《チンバーバ》（お父さま）」や「師父《シーフー》（お師匠さま）」、年配の男性信者を「叔叔《シューシュ》（おじさま）」や「爺爺《イェイェ》（おじいさま）」、年配女性信者を「天 姨《ティエンイィ》（天のおばさま）」、さらには若い男女の信者を「王子《ワンヅ》（王子さま）」「公主《ゴンヂュウ》（お姫さま）」などと呼んだ。中国公安部の資料では、この手の村は合計八ヵ所あり、約六〇〇人の信者が加わっていたという。

ゴシェン内では、中国教団のリーダー格である単玉波が「処所長《チュースオヂャン》」として絶大な権勢を振るった。処所長の下には「農弟《ノンディー》」という農作業指導をおこなう信者や会計担当の信者がおり、最下層に「勇士《ヨンシー》」という実際に農業生産に携わる信者がいた。また、教団内部の風紀を取り締まる「殺戮天使《シャールーティエンシィ》（殺戮の天使）」という役職もあった。

やがて一九九九年五月、単玉波と瀋陽ゴシェンの土地の名義者である信者の董貴軍《ドングイジュン》の間で諍《いさか》いが発生。激怒した単玉波は董貴軍を監禁して「殺戮の天使」に拷問させたが、董貴軍が逃げ出して警察に駆け込んだことで事件が明るみに出た。結果、イリヤ教会は「邪教」として厳しく取り締まられることとなった。

「神なき国家」の宗教秘密結社

中国における宗教政策は、まず一九七八年に鄧小平が改革開放政策を採用したことで統制が大きく緩んだ。やがて江沢民政権下の一九九〇年代後半から「邪教」の取り締まりが厳しくなったが、その後に胡錦濤政権下でいったん統制がかなりの程度まで緩められた。しかし、二〇一三年の習近平政権の成立以降、「邪教」のみならず公認宗教に対してすらも再び非常に厳しい姿勢が取られるようになった。

ただ、各時代によって管理統制の強度に違いはあれど、中国当局が宗教を警戒するにあたっての根底の考えは一貫している。それは、仮に大規模化すれば中国共産党の体制を揺るがす可能性がある「邪教」の拡大と、海外（特に西側諸国）の宗教勢力と中国国内の信者の接触を強く忌避していることだ。

後者については、たとえ主流派のカトリックやプロテスタントであっても、外国人の宣教者が中国人と直接接触して布教する行為は非常に嫌われてきた。一九八〇年代に呼喊派が弾圧を受けたのも、教祖の李常受がアメリカや台湾から教えを持ち込んだ点が大きな要因だったとみられる。現在の習近平政権下で、海外の宗教団体どころか海外にルーツを持つ宗教系のＮＧＯ団体（境外組織《ジンワイズゥディ》）が中国国内で慈善活動をおこなうことすら難しくなったのも、西側諸国に強い警戒心を抱く現政権の性格ゆえだ。

いわんや、海外発の「邪教」ともなれば、中国国内での布教や集団礼拝は非常に困難である。たとえばモルモン教やエホバの証人、もしくは幸福の科学などの日本国内で比較的メジャーな新宗教が、中国国内であまり存在感がないのは、欧米や日本の教団が現代中国において布教をおこなうハードルがあまりに高いからだろう。

だが本書で見てきたように、韓国系のプロテスタントや新宗教だけは、高いハードルを突破して中国にどんどん進出している。これは前出のように、言語が通じる大勢の朝鮮族が便利な仲介者になっていることに加えて、中韓両国の伝統的な民間信仰文化の肌感覚の近さや、韓国側の非常に熱心な姿勢などが要因だ。

また、中国国内ではキリスト教の布教や神学教育が大きく制限されているため、主流派のキリスト教の教義を正確に理解している中国人は非常に限られている。ゆえに、「異端」的な教義でも抵抗を受けず布教できるという、カルト的な新宗教にとってはある意味で有利な環境も存在する。

唯物主義を掲げる中国共産党が支配する「神なき国家」にもかかわらず、民間では大量の自称キリストが生まれ、不思議な教えが拡大しているのが中国の宗教の面白さだ。

こうした「邪教」の多くもまた、厳しい弾圧のもとで地下化し、なかば秘密結社化したクリスチャンの信仰環境から生まれているのである。

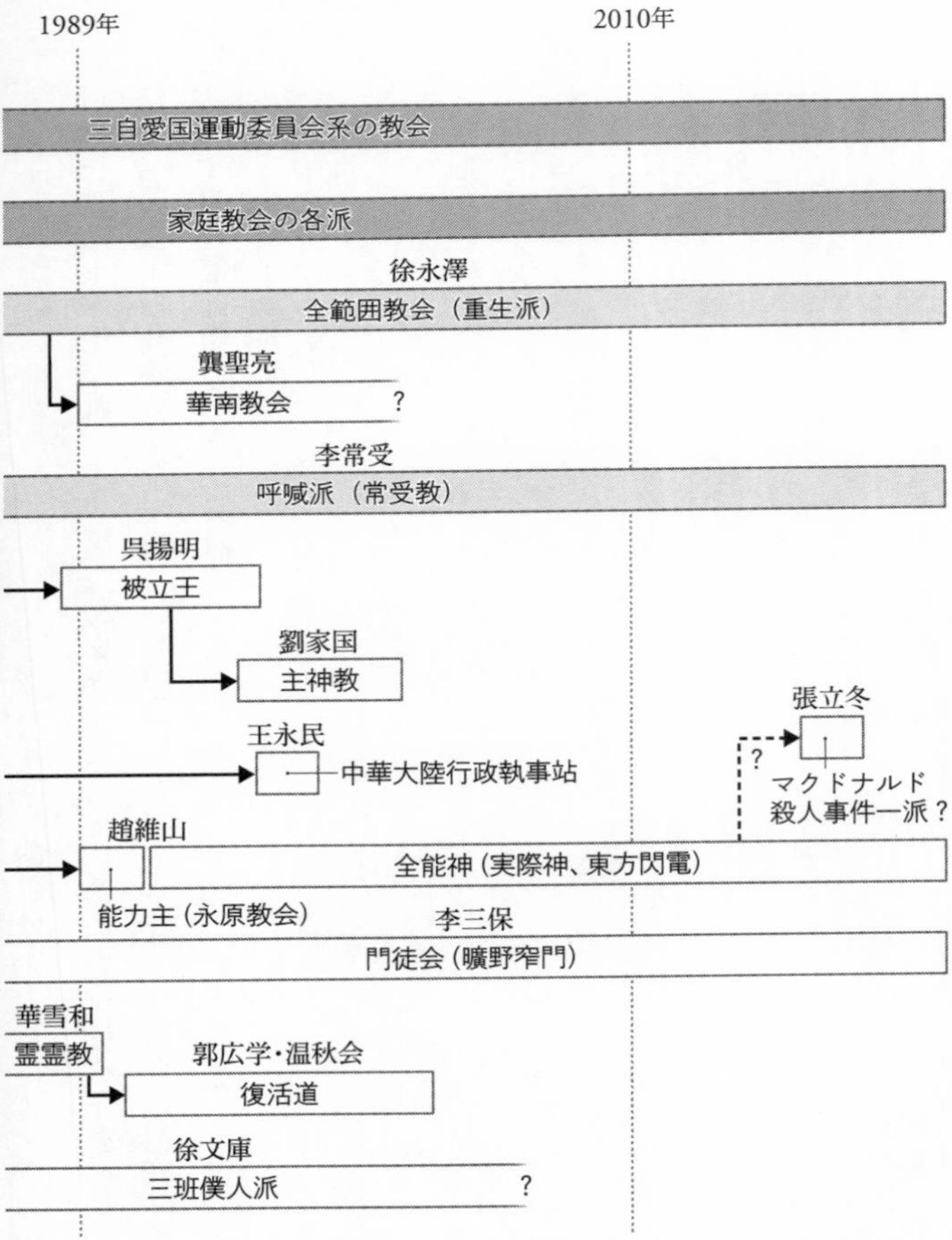

上図ではすでに消滅したように見える教派・教団も、地下化して現在も存在している可能性がある（また、基督徒聚会所のように海外で存続している組織もある）

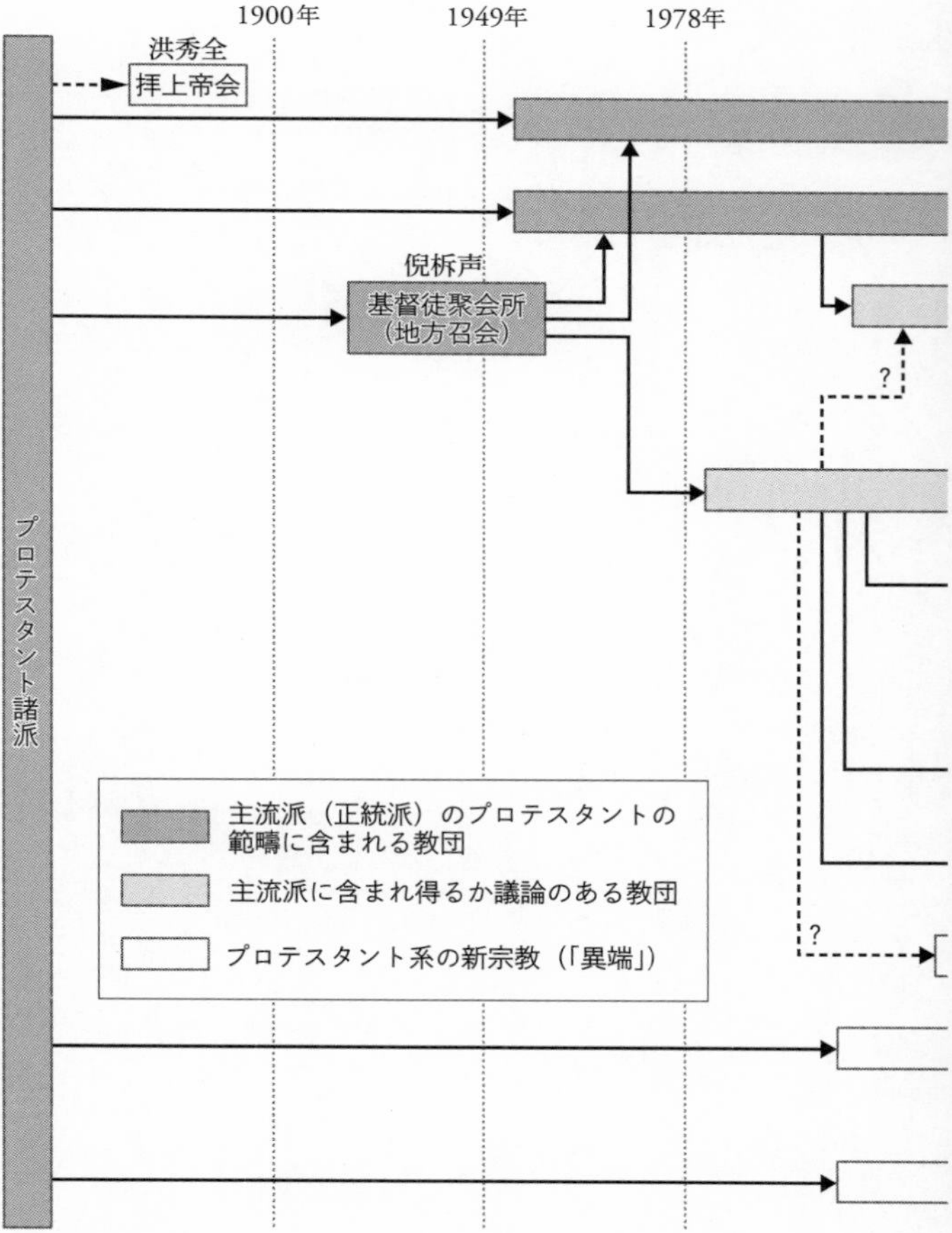

図20　中国大陸におけるプロテスタント教派とプロテスタント系の新宗教各派

おわりに

現代中国の怪しい秘密結社の世界はいかがだっただろうか？

ときに権力に接近し、ときに地下に潜って勢力を広げ、さらに社会主義革命や市場経済化やＩＴ化の大波に襲われてもしぶとく生き残る――。秘密結社の異常なまでの生命力は、中国人の世界において、それだけ他者との助け合いや自分の魂の救済が強く求められていることを想像させる。

また、本書に登場した組織の多くは当局の弾圧を受けている。彼らのなかには私たち日本人の感覚に照らしても「破壊的カルト」や「反社会組織」と呼べそうな組織も存在するが、さほど危険はなさそうな組織も少なくない。たとえばプロテスタントの呼喊派《フーハンパイ》はもちろん、法輪功《ファアルンゴン》や真佛宗《チェンフォオゾン》についても、アクの強い人たちとはいえ、他の民主主義国家で厳しい取り締まり対象にされることは考えにくい。中国当局が彼らを嫌がるのは、主に政治的な理由ゆえである。

こんにち、中国共産党が政治的に気に食わない対象を批判する際に用いるロジックは定型化されている。すなわち「外国勢力や台湾などの境外勢力《ジンワイ》と結託」（構結外国勢力《ゴウジエワイグォシーリー》）し、「国家を分裂させ国家統一を破壊」することを試みているから悪いという理屈だ。さらにひどい場合は「国家政権や社会主義制度の転覆」や「武装反乱」を画策している、といったレッテルも貼られる。

これらは一九八九年に六四天安門事件を引き起こした学生デモ隊から、法輪功や全能神をはじめとした「邪教」、さらに二〇一九年の香港のデモ隊に至るまで、等しく適用されている（民主化運動やキリスト教がらみの攻撃対象については「西方《シーファン》（西洋、西側）から伝わった思想」を無批判に受け入れているとする批判も毎度おなじみだ）。

だが、どうして、中国当局はいつも決まりきったロジックばかり使うのか。彼らはそもそも何を恐れているのだろうか。

ある「呆れた連中」の暴動

答えを考えるうえで、ヒントになりそうな話がある。二〇二〇年四月末ごろ、反体制派と思われる中国人が（中国政府の言論規制を受けない）Twitterに投稿し、盛んに転載された左記のようなジョークだ。対話の「甲」は漫才でいうボケ役、「乙」は現代中国の共産党体制に忠実な愛国者という設定のツッコミ役となっている。

甲：ある連中が、西洋から伝わったイデオロギーを受け入れて、中国でこっそり秘密結社を立ち上げたとさ。

乙：先祖泣かせの呆れた連中だな。海外の反中国勢力に洗脳された大バカだ！

甲：連中はある都市で武装して暴動を起こし、自分たちの軍隊を作って政府に対抗したんだ。

乙：かくも恥知らずな不逞の暴徒どもに、政府が厳重なる打撃を加えることを支持したい。そいつらを戦車で蹴散らしてしまえ！

甲：しかも彼らはまとまった土地を占領して、勝手に独立して国家を名乗った。だが、国名も国旗も彼らを援助した宗主国の猿マネだった。発行した貨幣にも宗主国の指導者が印刷されていた。

乙：むむ、脳ミソの腐り果てた国家分裂分子じゃないか。売国奴め、憎《に》っくき帝国主義の走狗め！　連中が生きる土地など寸土たりともありはせぬぞ！
甲：その組織の名は「中国共産党」と言うんだ。国家の名は中華人民共……。
乙：チクショーッ！！　バヤカヤローッ！！！

ジョークをわざわざ解説するのは無粋だが、外国人（日本人）向けには多少の補足が必要だろう。

秘密結社・中国共産党が受け入れた「西洋から伝わったイデオロギー」は、もちろんマルクス・レーニン主義のことだ。「ある都市で武装して暴動」は一九二七年の南昌蜂起を指し、さらに「自分たちの軍隊」とは南昌蜂起によって生まれた中国工農紅軍（人民解放軍）のことである。

「政府に対抗」とは中国共産党が蔣介石の中華民国政府に対抗していたことで、「援助した宗主国」はソ連である（なお、一九三〇年代なかばに根拠地を持って自立するまで、中国共産党は党の活動資金の九〇％以上をソ連の援助に頼っていた）。

中国共産党は一九三一年から一九三四年まで江西省瑞金《ずいきん》を首都とする「中華ソビエト共和国」という地方政権を建てている。この国家の貨幣にはマルクスやレーニンの肖像が印刷され、さらに国旗や国章の中央にはソ連と同じ鎌とハンマーのマークが描かれていた。

ちなみに当時、中国の庶民の認識では、山奥にこもり怪しげな思想を奉じている中国共産党勢力は、「朱毛《ヂューマオ》」（本来は朱徳と毛沢東の略称）という強い親分が支配する山賊団かなにかであると勘違いされていた。

かつて毛沢東たちがこもった井崗山《せいこうざん》の革命根拠地では、共産主義が実現した後の社会について「天下為公《ティエンシャーウェイゴン》、世界大同《シージェダートン》」（天下は公のためにあり、世界は平等となる）と記した文書が発見されている。初期の中国共産党は、マルクス・レーニン主義と中国の伝統思想（「大同」は『礼記《らいき》』礼運篇に登場する概念だ）が混淆した珍妙な思想を掲げる、たいへん胡散臭い秘密結社であった。

毛沢東たちがどう考えていたかはさておき、同時代の人間から見た彼らの革命根拠地は、本書の第一章やコラム②で紹介した大成国や大中華佛国のような他の秘密結社政権と、本質的にはあまり大きく違わない存在だったことだろう。

秘密結社を使った「中国の壊し方」

では、なぜ中国共産党は他の秘密結社とは違い、中華の大地を制覇できたのか。それは彼らが「西洋から伝わった思想」を掲げつつ、「海外勢力と結託」して「政権の転覆を画策」し、さらに「国家統一の破壊」を進めて「武装反乱」に踏み切るという、たいへん危ない行為をフルセットで徹底的に実践したからである。結果、天下は共産党のものとなった。

さらに言えば、現代中国で「革命先駆《ガァミンシエンチュイ》」（革命の先駆者）として位置付けられる孫文ら辛亥革命当時の革命家たちも、東京・ホノルル・サンフランシスコといった海外を拠点に同志や資金を募り、特に日本の大陸浪人や政治家・軍人らの「海外勢力と結託」して、「政権の転覆を画策」した。彼らは満洲族王朝の打倒を目指し、何度も武装蜂起を計画・実行して、最後は本当に清朝を崩壊させてしまった。

もっと古い話では、中国共産党から「農民起義の英雄」と肯定的に評価されている太平天国の乱の指導者・洪秀全も、西洋のイデオロギーであるキリスト教と、彼自身の儒教的素養が混淆した思想を掲げた秘密結社・拝上帝会を作り武装蜂起した。洪秀全は最終的には失敗したが、太平天国の天王の座について南京を首都とし、統一王朝を築くまであと一歩のところまで迫った。

中国で天下を取る方法は、実際に取った者にしかわからない。

すなわち、現代中国の秘密結社として最大最強、かつ最も成功した存在である中国共産党は、何をどうやれば自国の体制を崩壊に追い込めるかという「中国の壊し方」について、過去の先輩たちの豊富な実例と、自身の実践を通じて体験的に理解している。

すなわち、活動内容やメンバーを秘匿した秘密結社的な集団が、舶来のイデオロギーを用いて理論武装し、中国に介入する意思を持つ海外勢力の支援を受けて、ひそかに庶民の人心を収攬《しゅうらん》していく。こうした組織が大衆を動員して武装蜂起し、国家を分裂させて群雄割拠のなかで台頭すれば、政権がひっくり返る。

これぞ中国の秘密結社が、現体制を破壊して天下を取るための基本公式である。

もっとも、現在すでに政権を握る既得権益者となった中国共産党としては、社会に往年の自分たちと同じような連中が新たに出現し、「中国の壊し方」のセオリーを実行して天下を狙うことは、絶対に阻止しなくてはならない。

たとえ現時点では、反政府的な傾向が薄い平和的な団体であっても、海外と関係が深かったり、党以外に強い忠誠の対象を持っていたり、活動内容が外部からよくわからなかったりする組織については、潜在的に党を脅かし得る危険分子として芽を摘み取る必要があるのだ。

中国共産党が毎度毎度、「海外勢力と結託」「国家統一を破壊」と同じロジックばかりを使って自国の「邪教」や政治結社を攻撃するのは、実は「私たちはそういうことだけは絶対にされたくありません」という彼らの心の声の反映なのである。

——秘密結社を知らないで、どうやって現代中国がわかるのか？

私は本書の冒頭において、ずいぶん挑戦的なことを書いた。だが、その理由はすでに納得いただけたことだろう。

*

本書が出来上がるまでには多くの方のお世話になった。まず、日本国内で快く取材に応じてくださった法輪功の小林さん・菅原さんほか、集会に参加なさった日中両国の修煉者のみなさま。全能神の佐藤さんと二人の中国人女性信者。真佛宗住吉山雷蔵寺住職の釋蓮花静香金剛上師。また中国でのプロテスタントの布教状況をお教えくださった二人の日本人牧師（第五章の「倉山」氏らである）など、取材に協力いただいたすべてのみなさまに心よりお礼を申し上げたい。

また、本書の内容は『中央公論』誌上で合計六回にわたりおこなわれた短期連載をベースにしたが、他にも『JBPress』『現代ビジネス』『クーリエ・ジャポン』などに過去に寄稿した記事にもとづいて加筆した部分もある。これらの媒体の担当編集者にもお礼を申し上げる。

今回、担当編集者となった中央公論新社の胡逸高さんは上海生まれの在日華人だ。華人の編集者と二人三脚で書籍を書き上げるのは初めての経験だったが、非常に刺激的だった。

本書の内容は、中国人の結社組織や民間宗教に対する私の学生時代以来の興味関心がそのまま反映されており、執筆にあたって並ならぬ熱意がこもった。かくも暑苦しい書籍に最後までお付き合いいただいた読者のみなさまにも、なにより感謝を申し上げます。

二〇二一年一月　千駄木にて

安田峰俊

第五章

図16 『中國茉莉花革命發起者』https://molihuaxingdong.blogspot.com/2012/12/34.html
※現在は非表示。同画像は『KINBRICKS NOW』「「邪教」の信者がパトカーを破壊、「世界の終わり」まであと２週間となった中国」http://kinbricksnow.com/archives/51831006.html で確認可能

コラム③

図17～19 筆者撮影

図版出典一覧

第一章

図1，2　筆者撮影

図3　『兩岸農業交流平台』「蔡江濤」http://m.canews2018.com/nd.jsp?id=47

コラム①

図4　『虎嗅網』「對抗「系統」的人：「騎士盟主」和他的外賣江湖夢」https://m.huxiu.com/article/387139.html

第二章

図5　『人民政協網』「章子怡、李冰冰、彭丹等明星致公黨黨員誰更親民」http://www.rmzxb.com.cn/c/2016-02-14/697474.shtml

図6　『人民網』（人民日報圖文數據庫〔1946-2020〕）「司徒美堂：心系祖國　支援抗戰（為了民族復興·英雄烈士譜）」http://data.people.com.cn/rmrb/20190813/14

第三章

図8　『柬中時報』「世界洪門歷史文化協會總部在柬成立　宣布发行"洪币"」https://cc-times.com/posts/1603

図9　『忠義洪門啤酒官網』http://www.hmbeer.cc

図11　筆者撮影

図12　『中國記録』「洪門·中華民族致公文化總會陳柏光總會長談香港港獨事件」http://www.massmedia.cc/hongmen/news-hongmen/90769.html

第四章

図14，15　筆者撮影

会、2016年
徐琼「朝鮮族キリスト教の実態について　中国延辺朝鮮族自治州の事例」『宗教と社会』20（0）、2014年
上野正弥「現代中国における基督教の発展と国家」アジア研究64（1）、2018年
村上志保「中国共産党政権による宗教政策の変化と現在：プロテスタント教会をめぐる事例を中心に」『立命館文學』（667）、2020年
道碩二・李永義「系統神学　異端研究報告　全能神教会」2016/11/16 https://www.academia.edu/30882946/異端研究_全能神教會_paper_簡報_
『中國宗教迫害真相調查委員會』http://www.china21.org
『國度降臨福音網』（中国語）https://www.kingdomsalvation.org
『神の国降臨の福音』（全能神教会：日本語）https://jp.kingdomsalvation.org
『全能神教會遭受中共政府鎮圧迫害　年度報告2018』全能神教會

おわりに

矢吹晋・藤野彰『客家と中国革命　「多元的国家」への視座』東方書店、2010年
高島俊男『中国の大盗賊・完全版』（講談社現代新書）講談社、2004年
石川禎浩『赤い星は如何にして昇ったか　知られざる毛沢東の初期イメージ』（京大人文研東方学叢書）臨川書店、2016年

磯辺靖「法輪功事件と中国の社会的安定性に関する一考察」『長崎外大論叢』（1）、2001年
浜勝彦「改革・開放期中国における超能力、気功論争」『創大中国論集』（6）、2003年
李紅光・劉平「關于中國的「新興宗教」問題」『東アジア文化交渉研究』（東アジア文化研究科開設記念号）関西大学大学院東アジア文化研究科、2012年
『法輪大法』https://ja.falundafa.org
『明慧日本語版』https://jp.minghui.org
『中國反邪教網』http://www.chinafxj.cn

コラム③

丁仁傑「當代台灣新興宗教的信仰體系及其「可信性」：五個新興宗教團體的考察」『新世紀宗教研究』12（3）、2014年
丁仁傑「真佛宗」『台湾百科全書』http://nrch.culture.tw/twpedia.aspx?id=1830（2020年12月1日確認）
『住吉山雷蔵寺』http://raizoji.or.jp

第五章・第六章

今橋朗・徳善義和『よくわかるキリスト教の教派』キリスト新聞社、1996年
石川照子・桐藤薫・倉田明子・松谷曄介・渡辺祐子『はじめての中国キリスト教史』かんよう出版、2016年
浅見定雄『なぜカルト宗教は生まれるのか』日本キリスト教団出版局、1997年
浅見雅一・安廷苑『韓国とキリスト教　いかにして“国家的宗教”になりえたか』（中公新書）中央公論新社、2012年
武内房司「社会主義とキリスト教土着教派」（所収：『結社が描く中国近現代』）
孫江「基督の創出　「邪教案」にみるキリスト教系異端結社」『愛知大学国際問題研究所紀要』（135）、2010年
徐琼「中国のキリスト教団体及び活動の特徴について：上海朝鮮族の「家庭教会」を事例に」『評論・社会科学』（118）同志社大学社会学

小栗宏太「方法としての新界　香港のフロンティア」(所収：倉田徹〔編〕『香港の過去・現在・未来　東アジアのフロンティア』〔アジア遊学〕勉誠出版、2019年）
小栗宏太「新界、もう一つの前線　元朗白シャツ隊事件の背後にあるもの」、倉田明子「【コラム】村の祭りと果たし合い　新界の「伝統」から考える元朗の白シャツ集団」(所収：倉田徹・倉田明子（編）『香港危機の深層「逃亡犯条例」改正問題と「一国二制度」のゆくえ』東京外国語大学出版会、2019年）
瀬川昌久「械闘と村落連合　香港新界中西部５郷の事例より」『国立民族学博物館研究報告』12（3）、1987年
小林良樹「いわゆる「香港マフィア」 香港「三合会（トライアッド)」の動向について」『警察学論集』(61）警察大学校、2008年
「華人最大帮派　洪門華記多派系」『東方 ONLINE』2013/8/29 https://www.orientaldaily.com.my/news/nation/2013/08/29/34998（2020年12月１日確認）
『洪幣白皮書』2018年５月 http://www.huanjing100.com/p-4250.html（2020年12月１日確認）
程凱「"洪門" 的前世今生」『獨立中文筆会』2019/10/14 https://www.chinesepen.org/blog/archives/138188（2020年12月１日確認）

コラム②
伍藤棠、譚明理「反動会道門頭目石頂武覆滅記」『湘潭人文網』2009/1/16 https://web.archive.org/web/20140224222411/http://szb.xiangtan.cn/html/130.shtml（2020年12月１日確認）

第四章
今防人「体制批判の胎動　法輪功」(所収：『結社が描く中国近現代』)
今防人「中国における新しい宗教集団の出現　気功集団「法輪功」をめぐって」『流通経済大学社会学部論叢』10（１)、1999年
浜勝彦「中国における気功活動の展開と法輪功事件」『創大中国論集』（３）創価大学文学部外国語学科中国語専攻、2000年
坂田完治「法輪功事件の政治過程」『中国21』(13）愛知大学現代中国学会、2002年

1992年
周淑真・曹木清・曹健民・楊炎和『中國民主促進會　中國致公黨　九三學社　台灣民主自治同盟歴史研究』中國人民大學出版社、1996年
中国致公黨簡史編輯委員會『中國致公黨簡史』中國致公出版社、2010年
伊原沢周「中国の政党政治における民主諸党派の役割とその苦境」『東洋文化学科年報』(12) 追手門学院大学文学部東洋文化学科、1997年
高橋祐三「中国における政治協商会議と民主諸党派」『現代中国』(71)、1997年
菊池一隆「戦時期におけるアメリカ華僑の動態と特質　サンフランシスコ・ニューヨークを中心に」『愛知学院大学文学部紀要』(40)、2010年
宋玉梅「日中戦争期の米国華僑と祖国政治：国民参政会参政員司徒美堂を事例として」『人間・環境学』(21) 京都大学大学院人間・環境学研究科、2012年
Takashi Suzuki. (2019). China's United Front Work in the Xi Jinping era – institutional developments and activities. "Journal of Contemporary East Asia Studies". 8(24)
郭緒印「俠者司徒美堂」『同船共進』2009年 5 期
章立凡（口述）、楊東曉（記録）「「紅八月」: 家庭出身・抄家打人」『記憶 REMEMBRANCE』(163)、2016年
『中國致公黨』http://www.zg.org.cn（2020年12月 1 日確認）
『中國致公黨廣東省委員會』http://www.gdzgd.cn/szg/Index.shtml（2020年12月 1 日確認）
『中共中央統一戦線工作部』http://www.zytzb.gov.cn/html/index.html（2020年12月 1 日確認）

第三章

石田収『中国の黒社会』（講談社現代新書）講談社、2002年
瀬川昌久『中国社会の人類学　親族・家族からの展望』世界思想社、2004年
可児弘明「香港の秘密結社活動」（所収：『月刊しにか』第 9 号）

「洪門の掟　天地会の儀式・規約・儀礼」、渡辺惇「上海の青幇　魔都上海の演出家たち」、大里浩秋「秘密結社と辛亥革命」（所収：『月刊しにか』第９号「特集　中国の秘密結社　闇の社会の構図」大修館書店、1995年）
孫江「清末民初期における民間秘密結社と政治との関係」、馬場毅「日本の中国侵略と秘密結社」、大里浩秋「「中国秘密社会の現段階」覚書」（所収：『秘密社会と国家』勁草書房、1995年）
佐々木正哉「天地会成立の背景」『明治大学人文科学研究所紀要』（７）、1968年
宋玉梅「米洲致公堂と孫文（1896－1915年）」『社会システム研究』（20）京都大学大学院人間・環境学研究科社会システム研究刊行会、2017年
王維「バンクーバーにおける華人コミュニティ及びチャイナタウンの行事」『香川大学経済論叢』84（１）香川大学経済学会、2011年
安田峰俊「ヴァンクーヴァーにおける華人コミュニティと華人秘密結社洪門民治党の現状」『立命館大学人文科学研究所紀要』（119）、2019年
莊吉發「清代閩粵地區的社會經濟變遷與秘密会黨的發展」『第二届國際漢学会議論文集　明清與近代組』中央研究院（台湾）、1989年

コラム①

安田峰俊「スマホ国家・中国で起きた「サイバー三河屋」大暴動の顚末」『現代ビジネス』2017/8/13 https://gendai.ismedia.jp/articles/-/52519（2020年12月１日確認）
李一鳴「對抗「系統」的人：「騎士盟主」和他的外賣江湖夢」『虎嗅』2020/10/13 https://www.huxiu.com/article/387139.html（2020年12月１日確認）
殷盛琳「外売騎手的江湖“盟主”：帮兄弟維權，曾因對抗平台被拘留」『捜狐』2020/10/22 https://www.sohu.com/a/426040639_120146415（2020年12月１日確認）

第二章

彭慶遐・劉維叔（編著）『中國民主黨派歴史人物』北京燕山出版社、

参考文献一覧

●各章で参考にしたものは初出のみ。また無署名の報道記事は煩瑣になるため大部分について記載を省いた。

はじめに・第一章

三谷孝『現代中国秘密結社研究』汲古書院、2014年

山田賢『中国の秘密結社』（講談社選書メチエ）講談社、1998年

福本勝清『中国革命を駆け抜けたアウトローたち』（中公新書）中央公論社、1998年

孫江『近代中国の革命と秘密結社——中国革命の社会史的研究（一八九五〜一九五五）』汲古書院、2007年

孫江『近代中国の宗教・結社と権力』汲古書院、2012年

内藤湖南『支那論』（文春学藝ライブラリー）文藝春秋、2013年

小野川秀美（編）『世界の名著78　孫文・毛沢東』（中公バックス）中央公論社、1980年

秦宝琦『洪門真史』福建人民出版社、2000年

黎全恩『洪門及加拿大洪門史論』商務印書館（香港)、2015年

陸國燊『孫中山與美洲華僑 洪門致公堂與民國政治』商務印書館（香港)、2019年

仁井田陞「中国の同族部落の械闘」(所収：仁井田陞『中国の農村家族』東京大学出版会、1952年)

並木頼寿「反清復明を叫んで　天地会／哥老会／三合会」、渡辺惇「相互扶助で自衛を　青幇／紅幇」、松本武彦「五族協和への道　興中会／華興会／中国同盟会」(所収：綾部恒雄〔監修〕、野口鉄郎〔編〕『結社が描く中国近現代』〔結社の世界史２〕山川出版社、2005年)

上田信「『問俗録』解説　一　清代の福建社会」(所収：陳盛韶〔著〕、小島晋治・栗原純・上田信〔訳〕『問俗録　福建・台湾の民俗と社会』〔東洋文庫〕平凡社、1988年)

綾部恒雄「秘密結社とは何か」、山田賢「中国社会と秘密結社　その生成の原理」、古厩忠夫「《小事典》中華秘密結社案内」、並木頼寿

図表作成・本文DTP／市川真樹子